大学発の リーダーシップ開発

HIGANO Mikinari
日向野幹也
編著

ミネルヴァ書房

はじめに

立教大学経営学部でリーダーシップ開発プログラム（Business Leadership Program：BLP）がスタートしたのは2006年のことであった。当時，正課で大学生にリーダーシップを教えるプログラムは全国初であったため，参考にしたのはもっぱら米国大学の事例であったが，米国モデルをそのまま持ってきても日本人学生には抵抗が大きい要素が少なくなく，試行錯誤しながらカスタマイズを繰り返した。その過程で幸い学生は一貫して支持してくれたし，経験学習によって思考や行動を変えていくリーダーシップ開発は，学生自身のためになるという確信は深まるばかりだった。米国モデルと言っても最初は経営学方面を中心に調査していて，leadership without authority や shared leadership に行き当たったのはやや遅れてからであった。ちょうどその頃，立教大学での取り組みのほうも，文部科学省の教育 GP（Good Practice）の助成をいただいてから順調に回転するようになり，溝上慎一教授（当時京都大学，現桐蔭学園）に先導されたアクティブ・ラーニング運動（2010年ごろから）と，大企業人事部における shared leadership や leadership without authority の認知（おそらく2010年代から）とが両方広がってきて，リーダーシップ教育の普及に環境が整ってきた。2011年には文科省・日本学術振興会による教育 GP の成果審査の結果，立教経営 BLP の取り組みが「他に波及が見込まれるイノベーティブな取り組み」であるという極めて高い評価をいただいた。ほぼ全ての大学にリーダーシップ教育科目がある米国の現状を見ると日本でも全国に普及する運動を始める価値があるのではないかと筆者は考えるようになった（以上の経緯についての詳細は日向野（2013）または日向野・松岡（2017）をご覧いただきたい）。その後いくつかの大学からリーダーシップ教育の導入を行いたいという相談を受けるようになり，私自身も2016年に早稲田大学に移籍し，その前後から自らその運動に参加することになった。2021年度現在，運動開始後５年間で全国約20の大学が立教・早稲田とよく似た経験学習的なリーダーシップ開発プログラムを持つに至った。本書はその運動のまとまった成果報告の第一弾である。

本書の構成は次の通りである。第Ⅰ部（第1章から第4章）は各大学に共通してあてはまると思われる議論である。

第1章では，リーダーシップについて簡単に復習したあと，日本でリーダーシップ教育が普及するきっかけとなったアクティブ・ラーニング運動とリーダーシップの関係について詳しく述べることにする。

第2章はリーダーシップの学習法・習得法である。

第3章は第2章に続いて，大学におけるリーダーシップ教育に重要な役割を果たす学生アシスタントについて詳しく述べる。

第4章は，遠隔授業について，理論やコロナ禍以降の動向について紹介する。

第Ⅱ部は全国各地の大学での経験学習的リーダーシップ・プログラムの紹介である。このなかでは，立教大学については，2006-16年について日向野(2013)，日向野・松岡（2017)，2017-19年について高橋・舘野編著・中原監修(2018）が先行文献であり，いずれも主に経営学部 BLP について書いてあるので，本書では，2013年に発足した全学対象の立教 GLP について主に説明した。2016年からは全国でリーダーシップ教育が次々に正課科目として立ち上がり，現在では20以上の大学で開講されている。立教が唯一の存在であった2006-15年とは既に隔世の感がある。立教大学に続いて，16年以降の発展の中核となったのは早稲田大学グローバルエデュケーションセンター（Global Education Center：GEC）のリーダーシップ開発プログラム（Leadership Development Program：LDP）であり，他に主に女子大で最大の共立女子大学ビジネス学部や桃山学院大学ビジネスデザイン学部のように関西初の必修を含むものもあるし，名古屋大学や名古屋工業大学のように選択科目でありながら学生数をどんどん伸ばしているところも含まれている。これらの大学を中心に各大学の取り組みを紹介していこう。

巻末には立教大学在学中のグローバル・リーダーシップ・プログラム（Global Leadership Program：GLP）の SA（Student Assistant）たち（松村茉理さん，佐久間しんじゅさん）が授業運営の tips として書き起こしたものを高橋俊之さん（早稲田大学 LDP 副統括責任者，本書第５章執筆）と立教 GLP の元統括 SA 廣岡駿一さん（現イノベスト社勤務）が編集し，見開きで４セットを配置した。学生アシスタント視線からの書き起こしはおそらく他に類を見ないのではないか。現在担当している方々はもちろん，これからリーダーシップ授業を担当しようという教員や TA（Teaching Assistant）の方々にもおおいに参考になると思う。

2005年に立教大学に着任したとき，小生にリーダーシップ開発プログラム（BLP）の設計と運営を任せてくださったのは白石典義教授（経営学部初代学部長，のち立教大学統括副総長）であった。もし小生が白石教授にお会いしていなかったらリーダーシップ教育にたずさわることはなかった。経営学部 BLP／立教 GLP の発展や全国への普及をずっと見守り節目節目で支援してくださっていたが，まことに残念なことに2020年８月に病気で逝去された。本書を白石氏に捧げ，改めて感謝の意を表したい。

日向野幹也

参考文献

高橋・舘野編著・中原監修（2018）『リーダーシップ教育のフロンティア：実践編』北大路書房。

日向野幹也（2013）『大学教育アントレプレナーシップ』ナカニシヤ出版。

日向野幹也・松岡洋佑（2017）『増訂版　大学教育アントレプレナーシップ』日本学術出版。

大学生のリーダーシップ開発

目　次

はじめに

第Ⅰ部　理論と環境づくり

第Ⅱ部　先行先進事例

第Ⅰ部

理論と環境づくり

第1章　学習成果目標としての新しいリーダーシップ

1　なぜ新しいリーダーシップを学ぶのか

学生の皆さんが大学でリーダーシップを学ぶようになるきっかけは様々であろう。高校時代や大学でリーダーシップを発揮すべき時にうまくこなせなかったから，将来役に立ちそうだから，友達や先輩に薦められたから，本を読んでみて面白そうだったから等々。他に，大学によっては必修あるいは選択必修科目だからという理由もありうるだろう。しかし，どの理由で授業に参加し始めたとしても，なぜリーダーシップを学ぶべきなのかについて，本当の意味での納得感が得られないと，遅かれ早かれ授業へのコミットメントは下がり，深い学びは得られないだろう。これは大学生（以上）には特に強くあてはまる。

そこで，最初に，どうしてリーダーシップを学ぶべきなのかについて，説明しておこう。これは，学習成果目標に，リーダーシップを発揮できるようになることを設定すると，なぜよいのか，の問いの答えになるだろう。

第一に，リーダーシップが身につくと友人や知人，さらには家族や教員など，身の回りの人たちとの関係が建設的な方向に変わりやすい。これは新しいリーダーシップが，権限や立場と関係なく，共通の目標をめざして協力するためのものであることに由来する。ちなみに，実践という意味では，大学生活は本人が望めば非常に多様な人たちとの出会いがあるだけに，リーダーシップを発揮する機会が多いといえる。第二に，卒業後に役に立つ可能性が高いことが挙げられる。特に，10年前に比べると，若い人のリーダーシップを歓迎する企業が増えているので，大学卒業後，すぐにリーダーシップが役に立つ可能性が高い。米国では1980年代にグローバル企業を中心に「権限によらないリーダーシップ」の必要性が自覚され，それに呼応して90年代に米国の大学に続々とリーダーシップ科目が新設されたが，今の日本はそれと似た状況であると思われる。

図表1-1　リーダーシップ科目を新設した大学

開始年度	大学名
2006	立教大学
2015	國學院大學
2016	早稲田大学　名古屋大学　淑徳大学
2017	共立女子大学・短期大学　甲南女子大学　文京学院大学
2018	一橋大学　名古屋工業大学　名城大学
2019	桃山学院大学　愛媛大学
2020	京都橘大学　園田学園女子大学　横浜市立大学
2021	金城学院大学　神奈川大学

（注）下記条件を全て満たしているものに限定している。この結果，大学院生だけを対象にした科目や，「（グローバル）リーダーシップ・プログラム」とうたいながらもいずれかの条件が満たされていない多くの海外留学プログラムは除外されている。
- 学部レベルの正課である
- 「権限によらないリーダーシップ」ないし「全員発揮のリーダーシップ」を明示的に学習目標に掲げている
- 教員と学生の間だけでなく学生間の相互作用を通じたアクティブ・ラーニングが行われている
- 経験学習サイクルを明示的に用いている

（出所）筆者作成

大企業やベンチャーで，採用時に，若手のリーダーシップを重視すると宣言する企業が増えつつあり，大学でも履修科目としてリーダーシップ科目の新設が2016年度から急増し続けている（**図表1-1**）。第三に，2010年代に始まったアクティブ・ラーニング運動との親和性が高い点も，利点の一つである。このアクティブ・ラーニングは，現在，高校，大学問わず，重要性を増して来ているが，このあと詳しく述べるように，経験学習的な科目は，多くの場合アクティブ・ラーニング型にならざるをえない。その点，アクティブ・ラーニングと親和性の高いリーダーシップ授業に慣れた学生は，様々なアクティブ・ラーニング型の授業にスムーズに参加することができ，かつ，そうした授業において，まさにリーダーシップを発揮して活躍することができるといえる。

上記のリーダーシップの学ぶべき三つの理由のうち，学生の皆さんは最初の二つに，そして教員の皆さんは第三の理由に興味をお持ちなのではないだろうか。もちろん，これらの理由は立場などに限定されるものではないため，三つ全部にご興味がある方もいらっしゃると思う。その点，学生の皆さんにも第三のものに興味を持ってほしいと思う。

さて，本章の残りの部分では，主に教員の皆さんの疑問に答えるため，アクティブ・ラーニングとリーダーシップの関係について詳しく説明したいと思う。そのために，まず，権限によらないリーダーシップのエッセンスを必要最小限の範囲で説明しておく。（リーダーシップ論の系譜や分類について詳しくは，Komives 他（2013），石川（2016），堀尾・舘野（2020）などを参照されたい）。

さて，ここまで，リーダーシップを所与のものとして扱ってきたが，リーダーシップは，最広義には「成果目標を達成するために，人が他者に影響を与えること」を言う。そして，ここで，どうして他者に影響を与えることができるのか，そして，その影響力の源泉は何か，という問いが発せられることになる。

古くからの考え方では，この影響力の源泉は，命令する権限である。権限の背景には，もしも命令に従わなければ処罰される，あるいは何かの損をするという状態と連動している。これは構成員に服従を強いることを意味するが，企業や官庁や学校など多くの組織で見られる形態である。これまでリーダーシップ研修というと，その中核部分が「命令の出し方の研修」であったのは，こうした背景による。また，組織の中では「担当」や「係」が決められていることが多く，組織の構成員が，この係や担当の人に従うことになるのも，同様の理由である。その場合，担当や係は，より上位の権限者に任命されたり合議で選出されたりしてその役にあるので，やはり権限を背景にしていると言っていいだろう。

他方，権限によらないリーダーシップもある。一般に「オーラ」や「カリスマ性」といったもので，その人個人の持つ属性によって周囲の人に影響を与えてしまう場合である。受け手によって差はあるものの，多くの人がカリスマ性を感じるような人は確かに存在する。しかし，こうしたカリスマ的リーダーシップは，現代社会のように，多くの場面でリーダーシップが求められる社会では成立しにくいものであるし，そもそも育成が困難な種類のリーダーシップであり汎用性が低いことから，ここでの議論の対象とはしない。

では残りはなにかというと，それがここで議論したい「権限によらない，育成可能なリーダーシップ」である。何をしたらリーダーシップが発揮できるか，さらに一歩進んで，明確な権限を持たない人がリーダーシップを取る場合，何をしたらリーダーシップが発揮できるか，というものが課題である。そして，それの解決の方策が，以下の「リーダーシップ最小三要素」である。

2 リーダーシップ最小三要素

クーゼス＝ポズナー（1987）は，リーダーシップの五大要素（Five Practices）を提唱したが，それをさらに変革的リーダーシップの方向で簡略化して，教室でグループワークを行う学生が，覚えておいて自ら振り返ったり，同僚にフィードバックしたりすることを想定して筆者がカスタマイズしたのが「リーダーシップ最小三要素（日向野，2015；2018b）」である。この最小三要素は，毎期，学生が全員入れ替わってしまう教育機関や，多くのメンバー（場合によっては全員）が引き続き在籍する企業などとの違いを考慮している。以下，そのリーダーシップ最小三要素について説明しよう。

第1要素は，明確な成果目標を設定すること（to set the goal）である。成果目標がなければ，そもそもリーダーシップの出番はないため，リーダーシップの第1要素は，明確な成果目標の設定である。そして，この成果目標は，裕度があることも付言する。自分で考え出したものでもよいし，他人の提案を自分の目標として引き受けるのでもよい。また，チームの活動過程では，現時刻を起点として，今の1時間のミーティングの成果目標，明日までの成果目標，来週までの成果目標，というように重層的な目標があってもよい。

第2要素は，その成果目標のために，まず自分が行動すること（to set the example）である。当然，ここで終われば1人で動いているだけなのでリーダーシップとは言えないが，他の構成員を引き込むために，他の構成員に先がけて，自らが動くということである。これは，率先垂範という言葉に要約できる。

第3要素は，成果目標を共有し，自分だけでなく他人にも動いてもらえるようにすることである。また，ここでは，その達成を阻害する要因があれば，その阻害要因を除去する支援をすることも含まれる（to enable others to act）。

上記を具体的にイメージしてもらうため，美しい砂浜を取り戻す行動を例にとろう。

あなたは，子供の時に，よく遊びに行ったきれいな砂浜のことを覚えている。ところが，最近，その砂浜に行ってみると，見るも無残なゴミ浜となっていた。そこで，あなたは，何とかして，昔の砂浜を取り戻したいと思った（目標設定）。しかし，あなた1人の力では掃除しきれないし，専門業者に依頼する資金もない。また，役所に相談しても相手にされなかった。

そこであなたは，昔，砂浜で一緒に遊んだ仲間や今の友達を連れて，この砂浜を訪れる。あなたは，昔，撮った記念写真を仲間に見せながら，昔は毎週のようにこの砂浜に来ていたことや，何とかしてゴミを処分しきれいな砂浜を取り戻したいことを仲間に話す。それを聞いた仲間たちは，砂浜が昔のようにきれいになるなら嬉しい，と話は盛り上がる（目標共有）。

しかし，大いに共感してくれたものの，仲間たちは，自分たちが何とかするという発想はなく，何か行動し始める様子はない。そこであなたは，1人でゴミを拾い始める（率先）。仲間たちは，あなたがどういうつもりなのか最初は分からないが，あなたが，ずっと拾い続けているのを見て仲間の一人も拾い始める（率先が垂範につながる）。そして，その後，ひとり，またひとりと，美しい砂浜に共感した仲間がゴミ拾いに参加するようになった。その結果，砂浜のほんの一角がきれいになった。その後，仲間たちと，毎週出かけて行ってゴミ拾いをしていると，今度は，地元の人が声をかけてきた。話ははずみ，美しい砂浜にするという目標に，地元も人も賛同し，一緒に拾ったり，集めたゴミを移動するリヤカーを貸してくれたり昼食を差し入れてくれたりするようになった（相互支援）。

これが何週間か続けば，相当な成果が出ることが期待され，それは，とりもなおさず，権限によらないリーダーシップが発揮された成果である，と考えることができる。この例から考えると，リーダーシップは，一つの組織・集団の中で発揮されるだけではなく，初めて会う人との連携や組織外の人をも取り込んだ社会運動にまで発展しうる可能性があることは容易に想像できるだろう。

なお，三要素の三番目が「相互支援」という名称になっているのは，最初に目標を設定・共有した人や率先垂範を行った人が周囲の人を支援するだけでなく，最初から「手伝ってほしい」という依頼というかたちでリーダーシップがスタートすることもあるからである。つまり，リーダーシップは，能力的に優れた人がそうでない人を巻き込むという順序ばかりではないことを意味している。

また，上記の相互支援には心理的要素も大きい。上記の例でも，道具を貸してくれたり手助けをしてくれたりするのはいいが，そのときに仮に，「なんだ，こんなこともできないのか，だめなやつだな」などといちいち馬鹿にされていては支援を依頼するほうが萎縮しかねない。逆に「いつか私が困ったときには声をかけるので手伝ってよ」と言いながら手伝うのは心理的安全性を高めるだろう。また，グループ・ディスカッションの時に黙っている人がいたら，「○○さんはどう思うの？」と水を向けることは，もし本人が発言していいのかどうか迷っている場合は，強力な支援になりうる。この意味で，心理的安全性[1]の構築は相互支援の中心的活動であると言えるかもしれない。

上記のリーダーシップ最小三要素は，短時間に，単純で均一的な対象に大量に動員するよう場合で，かつ，トップダウンではなく分権的に実行するような時に最も当てはまる（砂浜を掃除したり，教室の机・椅子を全部動かしたりするような作業，アイデアをできるだけ多く出し合うブレーンストーミングのようなグループワークなど）。

一方で，そこに追加して，一部の人しか持っていないスキルや知識があるといった要素が加わると，全員が均質に動く状態から段々乖離していくことになり，ある意味で，有効性が徐々に減っていく。しかし，それでも最小三要素は，最も単純な場合から考え始めているために，単純な状況に比して多くの付加的要因が付加された場合でも，考え方の出発点として有用な概念なのである。

また，上記は権限によらないリーダーシップの例として説明したが，実は権限をもっている人も，いきなり命令を出すのではなく，可能な場合にはこの最小三要素に沿って行動すると，リーダーシップがより効果的になることがある。それよって，部下の納得度が高まり，自発性が引き出されることによって，成果目標が達成できる可能性が高まるからである。

さらに，リーダーシップ最小三要素は，リーダーシップ開発の初学者が最初に学んでおけば，あとでリーダーシップの諸理論を学ぶ際も有用である。それぞれの理論が最小三要素のどの部分について語っているか，あるいはそれ以外についてなのか等を考えながら諸理論を読むことで，諸理論の位置づけを整理して頭に入れることができる。

3　リーダーシップとアクティブ・ラーニングの関係（1）
新しいリーダーシップ教育は広義のアクティブ・ラーニングを発生させる

次に，新しいリーダーシップとアクティブ・ラーニングの関係を見ることにしよう。最初に，新しいリーダーシップを涵養するリーダーシップ教育の授業は，アクティブ・ラーニングの形をとることが多いことを説明しよう。

これまでのところ，リーダーシップ教育の正攻法は，経験学習（第2章参照）に基づくものであり，以下の手順を辿る。

受講生が自分でリーダーシップ行動を実際にとってみる
→その行動について周囲の受講生や教員のフィードバックを受け取る
→フィードバックも参考にして，自分のリーダーシップ行動を振り返る
→自分のリーダーシップ行動の改善計画を立てる
→再度，自分でリーダーシップ行動を実際にとってみる
（以下繰り返し）

というサイクルである。

その際，教員は，そのサイクルを，良質な結果が得られるようにサポートないしファシリテートするだけである。そのことで，自然な形で「学習に対する学生の能動的な参加を取り入れた教授・学習」になり，広義のアクティブ・ラーニングになりやすくなる。最初の「受講生が自分でリーダーシップ行動を実際にとってみる」のステップにおいて，舞台を授業内で用意するか，インターンシップやボランティア活動などの授業外で行うかという点が異なったとしても，どの場合でも，授業内の学生の動きは能動的な参加型となるだろう。

4　リーダーシップとアクティブ・ラーニングの関係（2）
学生が新しいリーダーシップを備えていることがアクティブ・ラーニングの前提である[(2)]

また，アクティブラーニングは，学生側が新しいリーダーシップを習得済みであれば，効果が増す。学生があらかじめ「権限がなくても発揮できるリーダーシップ」を持っていることは，リーダーシップ以外の科目の授業で，アクティブ・ラーニングを促進する。そのことを示すために，リーダーシップを習得した学生が，他の授業に参加することを想像してみよう。

権限がなくても発揮できるリーダーシップが前提であるから，対象となる学生は，教室にいる誰でもよい，最初に疑問を感じたり，何かを思いついたりした学生が，ためらうことなく発言する。この最初の発言に刺激された他の学生も，どんどん発言するようになる。これは，①教室全体の学びを最大にするというゴールを設定した学生が，②自ら発言し，③それによって，学びを最大にする，ということである。

これは，目標の共有そのもの，また，この教室で発言することは安全であるということの，二つの共有が，教室中に伝染していき，教室が「学習するコミュニティ」になるのである。こうしたリーダーシップを最初に発揮する学生は誰でもよく，その意味では「権限がなくても発揮できる自然発生的なリーダーシップ」である。そして，最初に刺激を与える学生は，場の空気を読まない学生であったとしても，同様の効果が発生しうることになる。

また，権限がなくても発揮できるリーダーシップに対立する概念は，「権限・役職にもとづくリーダーシップ」である。それは，教員から任命された学生（ゼミ長）であったり，選挙で選ばれたりした学生（学級委員）によるリーダーシップとなる。しかし，この二種類のリーダーシップは併存しても，なんら問題はない。権限を与えられた学生が，権限をもたない人のリーダーシップを目撃して自分の役目を奪われたと感じて抵抗すれば問題だが，それは該当の学生が，クラス全体の学びの最大化よりも長として君臨したいという自己都合を優先させているだけであり，当該の学生のリーダーシップの質が悪いということである。上記の状況が発生しない限りにおいて，二種類のリーダーシップは併存が可能である。

このことは，どんな科目についても，ほぼ当てはまる。自ら進んで学ぼうとし，他の学生を巻き込む学生が，教室に１人でも２人でもいれば，その影響力は，むしろ教師よりも強力になりうるくらいである。

教員であれば，「あのクラスにはＡ君がいたからなあ」と思い出す「燃える学級」の経験は何度かあるのではないか。その燃える学級では，Ａ君は自分が熱心なだけではなく，他の学生を巻き込んでいたのではないだろうか。そういうＡ君が，１人の優秀な学生でなく，影響力は小さくてもいいので，クラスのあちこちに代わる代わる出現してくれれば，それはそれで最強のクラスと言えるだろう。これが，まさに学生のリーダーシップであり，「ピア・ラーニング」と呼べるのである。

このように，学生のリーダーシップが発揮される時に，多くの学生にアクティブ・ラーニングが発生する可能性が高い。その意味で，アクティブ・ラーニングは，学生の側のリーダーシップが前提されているのである。教師だけが，いかにアクティブ・ラーニング的な授業をしようとお膳立てをしたとしても，学生側に，ある程度のリーダーシップがなければ，学生同士が影響しあって発生する，真のアクティブ・ラーニングは実現しづらい。

これは大学（中学・高校も含む）のカリキュラム・デザインに重要な含意を持つ。つまり，学校側が，アクティブ・ラーニングやピア・ラーニングによって授業を活性化したいと望むのであれば，まず学生に，初歩的なリーダーシップスキルを身につけてもらい，かつ，リーダーシップを発揮しやすいような環境をつくることが重要なのである。もちろん，その際，教員がリーダーシップスキルを身につける必要があることは言うまでもない。

ただし，さらに広い視点で捉えると，教室で発揮された学生のリーダーシップが，教室内ないし授業内で完結してしまうと，リーダーシップ教育としては未完成と言える。授業を通じて覚えたリーダーシップスキルを，教室外に持ち出し，自分の生活や人生の他の場面でも活かしてこそ，リーダーシップである。したがって，学生が「あの授業限定で発言できる」「あの先生の授業の中だけなら発言できる」という状態で終始していては，リーダーシップ教育の目的としては，未達成なのである。在学生であれば，学校内外の多くの場面で，リーダーシップを発揮できるようになることこそ必要なのである。これらのリーダーシップの発揮の場の拡張性が実現されてこそ，初めてリーダーシップ教育と言える。これについて，第2章で改めて述べることにする。

5 リーダーシップとアクティブ・ラーニングの関係（3）リーダーシップ教育としてのアクティブ・ラーニング支援（アクティブ・ラーニングの新定義）

以上の議論で，アクティブ・ラーニング支援とリーダーシップ教育とが高い親和性をもつことは理解いただけたと思う。ここでは，さらに進んで，教員の立場で考えてみよう。教員が，教室内でアクティブ・ラーニングを起こすための準備をすることは，学生に，教室内でリーダーシップを発揮させる準備をすることと，ほぼ同じである。教員がコーチングや質問会議[3]のスキルを習得するのも全てこれに含まれるし，ピア・インストラクションの諸装置の準備をするのもこれに含まれる。そして，そこには，学生が自分たちでリーダーシップを発揮して学びとる方が，意欲もわき，定着もよい，とい認識が存在する。

また，ここから，アクティブ・ラーニングの新しい，使いやすい定義を引き出すことが可能である。「アクティブ・ラーニングとは，学生のリーダーシップによる学習」という定義である。

一人の学生が，他の学生に最初どう思われるかと心配することの優先順位を下げ，教室での学びを最大にすることを成果目標に設定して，勇敢に発言する（自ら行動する）。そうすることで，自分の理解が深まる。それに対し，周囲の学生は，それに影響されたり，最初の学生に促されたりして，発言や質問を始める。その結果，教室全体での学習が進む。この過程はリーダーシップそのものである。

このアクティブ・ラーニングの定義は，「教員による一方向的な講義形式の教育とは異なり，学修者の能動的な学修への参加を取り入れた教授・学習法の総称」（中央教育審議会，2012）と違っている。これは，「本質的に重要である学生間の相互作用による学習を明示的に取り込んだもの」である。

この「学生間の相互作用」の要素を入れなければ，教室の一方向的な授業を前提とし，授業の終わりやオフィスアワーに「積極的」かつ「能動的」，しかも「個人的」に教員に質問に行く学生がアクティブ・ラーニングを行っていることになってしまう。これでは，教室内で，学生たちが相互に影響しあって学ぶ，という面を切り捨てていることになってしまう。

また，この定義は，実践の場で使いやすいことが特徴である。教員が，教室の現在の状況をリーダーシップの最小三要素に即して順にチェックすることによって，アクティブ・ラーニングにおいて，何ができていて，何が足りないかを容易に把握することができる。

①　クラス全員の理解が最大になるという成果目標（およびそのために必要なサブ目標）が共有されているか
②　その契機として，誰か１人の学生が最初に発言や質問をしているか
③　②に続き，周囲の学生が，発言・質問してくれているか，そのために必要な支援ができているか

といったチェックが可能となるだろう。そして，このチェックリストがあることで，教員は何が欠けているかを診断することができ，具体的な対策を講じやすくなる。

繰り返しになるが，この対策は，リーダーシップ教育そのものに非常に近い。すなわち，教室内の学習を最大化するという目標を共有した上で，学生にリーダーシップを発揮させるような支援を行えば，それは，即アクティブ・ラーニング促進になる。もちろん，アクティブ・ラーニングで行う科目の学習目標は，リーダーシップ以外にあるが，その科目でアクティブ・ラーニングを発生させようとすれば，そのために教員の行う学生支援がリーダーシップ教育の要素を含まざるを得ない，というのが，ここでの結論である。

6 「内向的な人」とアクティブ・ラーニング，そしてイコライザーとしてのZoom

最後に，アクティブ・ラーニングが，深い学びに至る唯一の道であるかどうかについて触れておきたい。「深い学び」の定義には，リーダーシップはもちろんのこと，友人と共に学ぶとか，ソーシャルな学び，といった概念は入ってこない。なにより，ケイン（2012）の言う，内向的な人（introverts）にとっては，そうでない人に比べて，アクティブ・ラーニング型の授業のコストが高すぎるように感じられる。つまり，深い学びに至る最善の道が，アクティブ・ラーニング経由である，という前提は万人に当てはまるわけではないのである。多くの学生にとって，アクティブ・ラーニングが有効であるとしても，一部にはそれを必要としない，もしくは，場合によっては苦痛に感じる者もいるということである。この点，ニュートンやアインシュタインは内向型であったと言われていることも考慮に値する。授業を設計する側に，アクティブ・ラーニング支援と一緒にリーダーシップ教育も行うという明確な意図がなければ，本人にとっては余計な迂回を強いられることになる。つまり，学習目標にないリーダーシップスキル習得を経由させられる道を強いることになるのである。

内向性に関連してオンライン授業で興味深い発見があった。2020年度春に新型コロナウィルス感染症対策として緊急にオンライン授業が行われたが，その際，同期型の授業用には Zoom が導入された。早稲田大学リーダーシップ開発プログラムにおいては，対面のときと同じように協同学習形式を試みた。その際，複数の学生から，Zoom[(4)] の授業のほうが対面の授業よりも安心であり，自己開示もしやすいという感想が寄せられた。彼らの証言から推察すると，対面形式のときには影響力のあった背が高い，声が大きいといった優越（侵襲）要因が Zoom では全く効かないことが影響していると思われる。押しだしがいい，黙っていても存在感がある，といったことも同様に効きめがない。その結果，対面であれば，各個人のアドバンテージないしハンディキャップが解消されて，構成員が平準化する，ということが起きたようである。つまり，Zoom などビデオ会議ツールはイコライザー（equalizer）としての役割を果たしたのである。

これは，内向的な人が，リーダーシップ開発やアクティブ・ラーニング型の授業に参加する心理的障壁を下げる効果をもたらすと思われる。だとすると，リーダーシップ授業の最初の部分（アクティブ・ラーニングの導入部分も含む）は，対面が可能な場合でも，あえて同期型オンラインで行うことが望ましいかもしれない。すなわち，最終的なリーダーシップ教育は，その性質上，対面とならざるを得ないが，その入門としては，Zoom を利用することが効果を発揮する可能性があるということである。内向的な人が，少々の自信を得て，本格的な授業に参加することができる可能性がある。一方，Zoom を利用することで，外向的な人も，通常の生活のなかでは機能していた，背が高い，声が大きい，押し出しがよい，黙っていても存在感がある，といった自分の優位（侵襲）性が Zoom では機能しないことに気づくことになる。そうすると，自分の無意識のアドバンテージを自覚し，かつ，自分以外のメンバーの立場を理解できるという点でも有効であると思われる。

このように，対面型の授業ではいわば最初から発揮されてしまう不公平な要因のいくつかを除去して平等化・平準化した状態を用意することは，心理的安全性や自己開示の必要なリーダーシップ授業に適した学習支援になるのではないか。例えば授業の最初の数回は Zoom 等のオンラインで行い，それから脚台を下げて（scaffolding）対面授業に集合するのである。

さらに，内向的な人が権限を持つに至ったときには，外向的な部下との相性がいいという報告[(5)]や，内向的な人でも自分が大切と思うことについてだけは外交的な人と同じように行動できるという議論[(6)]もある。Zoom と対面ではいわば内向度とそれに基づく他者との相性が変わるのなら，他者との相性や自分の行動自体も変わりうるので，そうしたことを体験しておくのは意味のあることではないか。自分は内向的だからリーダーシップをとるのは無理だと思いこんでいる学生が少なくないので，そうした学生には特に意味の大きい実験になるだろう。従来もゲームないしシミュレーションでリーダーシップ発揮を疑似的に体験させるものはあったが，Zoom で行動するのはもう少し生身の自分に近いので，効果はもっと大きい可能性もあろう。

本章ではリーダーシップという学習成果目標を設定することの価値を，学生の観点と教員の観点双方から説明した。次章では，どうしたらリーダーシップが身につくのか，すなわち学習方法について論ずることにしよう。

（日向野幹也）

注

(1)　心理的安全性については Edmondson（2018）（邦訳2021年）を参照。
(2)　4節と5節の内容は日向野（2015）の一部を用いている。
(3)　質問会議（「アクティブ・ラーニング」によく似た「アクション・ラーニング」という別名をもつ）にも，「学生がリーダーシップを発揮しやくなるような環境や支援」の側面がある。この点は第3章でも述べる。
(4)　ここでは Zoom と表記したが，同期型双方向の会議・授業を行うウェブシステムであれば，WebEx でも GooleMeet でもほぼ同じことがあてはまる（以下同様）。
(5)　Cain（2012），第2章「外向的リーダーと内向的リーダー」
(6)　Cain（2012），邦訳 p. 263.

参考文献

石川淳（2016）『シェアード・リーダーシップ』中央経済社。
中央教育審議会（2012）『新たな未来を築くための大学教育の質的転換に向けて——生涯学び続け，主体的に考える力を育成する大学へ（答申）』
日向野幹也（2015）「新しいリーダーシップ教育とディープ・アクティブ・ラーニング」，松下佳代編著『ディープ・アクティブ・ラーニング』勁草書房，第9章。
日向野幹也（2018b）『高校生からのリーダーシップ入門』筑摩書房。
堀尾志保・舘野泰一（2020）『これからのリーダーシップ』日本能率協会マネジメントセンター。
Cain, Susan（2012）*Quiet : The Power of Introvert in a world that can't stop talking*, Broadway Books（古草秀子訳『内向型人間の時代』講談社，2013年）.
Edmondson, Amy C.（2018）*The Fearless Organization : Creating Psychological Safety in the Workplace for Learning, Innovation, and Growth*, John Wiley（村瀬俊朗訳『恐れのない組織——「心理的安全性」が学習・イノベーション・成長をもたらす』英治出版，2021年）.
Komives, Susan, Nance Lucas and Timothy McMahon（2013）, *Exploring Leadership*, Third Edition（日向野幹也監訳『リーダーシップの探求』早稲田大学出版部，2017年）.
Kouzes, J. M. and Barry Z. Posner（1988）, *The Leadership Challenge*, Jossey-Bass（金井壽宏監訳『リーダーシップ・チャレンジ』（原著第5版），海と月社，2014年）.

第2章 リーダーシップをどのように身につけるか

1 経験学習サイクルとリーダーシップ授業設計

さてこの章では，リーダーシップ授業を通して身につける学習方法について述べていこう。

前の章でも少し説明したように，リーダーシップ開発の中心部分は

リーダーシップのどの要素をどこまで身につけるか目標を立てる
→実際にリーダーシップを発揮してみる
→周囲のフィードバックをもらいながら内省して自分の現状を把握する
→リーダーシップのどの要素をどこまで身につけるか改めて改善目標を立てる

のサイクルを回すことである。この順番を多少入れ替えることは可能ではあるが，原則として「経験」と「内省」を往復することは欠かせない。これは，コルブ（1984）の経験学習サイクル（**図表2-1**）の考え方にもとづくものである。この図での「具体的経験（concrete experience）」は，リーダーシップ開発の文脈ではリーダーシップを発揮するような経験である。「内省的観察（reflective observation）」は経験のあとに振り返ることである。「抽象的概念化（abstract conceptualization）」は，具体的経験の特徴をもう少し一般化・抽象化・概念化して他の場面にも応用しやすくすることである。リーダーシップ開発の文脈では「リーダーシップに関する各自の持論の改訂」に相当する。次節で説明するようにリーダーシップ理論はここで役に立つ。最後に，「能動的実験（active experimentation）」は，抽象的概念化で得られた学びを，どこか他の場面で使えないかと機会を探し試してみることである。

図表2－1　経験学習サイクル

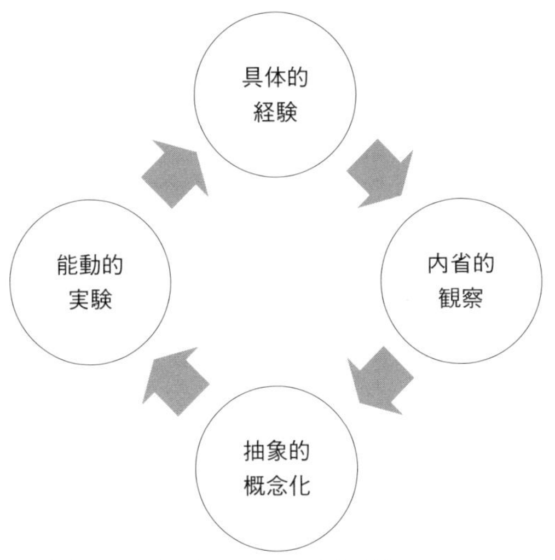

（出所）Kolb（1984）Figure 2.5 を簡略化

この経験学習サイクルのなかで内省的観察にあたるリーダーシップを身につける上での振り返りにおいて，「フィードバック」は不可欠の材料である。というのも，リーダーシップは，リーダーシップを発揮した本人の意図だけでなく相手や周囲がリーダーシップを発揮した行動をどう受け取るか，というコミュニケーションの側面を持つ。そのため，発揮した意図が正しく伝わったか，その行動がどう見えたかのフィードバックをもらうことが非常に大切となる。その意味では，リーダーシップ開発のいわば最少催行人数は，リーダーシップを身につけたいという意思を共有する2人であり，1人ではリーダーシップ開発の難しさがぐっと増すだろう。

さて，リーダーシップ開発の授業を考えていくうえで，「実際にリーダーシップを発揮してみる（具体的経験）」場所として，どこを想定するかによって授業の組み立ては大きく変わってくる。リーダーシップを発揮し，授業の場で学び昇華できる経験として次の3つのパターンが挙げられる。

① 授業の場で発揮したリーダーシップ経験を使う。この時，クラス全体や何人か単位のグループのなかでリーダーシップを発揮すると成果があがる

ような課題やプロジェクトを，授業全体を通して設定することになる（Project-Based Learning（PBL）中心型）。さらに，受講生間で，発揮したリーダーシップをリアルタイムにフィードバックを交換する機会も必要となる。

② 授業以外で現在進行中のリーダーシップ経験を使う。この時，インターンシップや部活動を材料として，授業をその経験の共有と今後の各自の行動計画策定の場所とする。

③ 過去のリーダーシップ経験を使う。この時，授業はその振り返りと再解釈の場所となる。

これらの違いは，先ほどの**図表 2－1**で言えば，授業の初回が経験学習サイクルのどこに相当するかということになる。授業の初回が，時間的に「具体的経験」の入口に当たるのであれば PBL 授業になる。一方で，「具体的経験」の最中から授業を始めることになれば，インターンシップや部活動など授業と並行した活動を活用する授業になる。さらに，授業の初回が，「具体的経験」の後であれば，③の振り返りから始める授業になるだろう。このことから①②③の一つの違いは，「具体的経験」とリーダーシップ授業の時間的前後関係にあるとも言える。このことについて，舘野（2018），堀尾・舘野（2020）は，①のような授業中にリーダーシップ経験を積む場所を用意するものを「経験構築型」，②③のような他での経験を使うものを「経験活用型」と呼んでいる。どちらを使うのがよいかは，リーダーシップを身につけるカリキュラムの立ち位置にも依存するであろう。入門的な授業，とくに全員，もしくはほとんどの学生が受講を求められる必修授業や選択必修授業であれば，リーダーシップ経験がほとんどない学生も少なくないので，授業のなかでリーダーシップ経験を用意する経験構築型の授業の方がよいであろう。逆に，シラバスを見て自分で履修を志願して来る学生ばかりの授業の場合は，リーダーシップにすでに興味がありリーダーシップ経験を持つ学生の比率が高いので，先述のような必修で低学年の学生が多い場合と比べれば，リーダーシップ経験を授業内で用意する必要性は少し下がる。

さらに，①の授業パターンのバリエーションとして，数週間，あるいは1学期かけてリーダーシップのスキルや理論を扱い，その後に PBL に入るという，④知識を付けてからリーダーシップ経験を積む方法もある。こうしたリーダーシップ経験を積むための PBL にどのくらいの準備期間をとるのがいいのかは，この数年間，本書の執筆を分担している著者たちが受け持つそれぞれの大学のリーダーシップ開発授業の設計について，よく話題になるホットトピックの一つであった。日本初の正課リーダーシップ開発授業である立教大学経営学部 BLP では発足以来ずっと①の授業パターンであったし，2013年に発足した同大学全学版の立教 GLP でも同様である。また2019年にスタートした桃山学院大学経営学部ビジネスデザイン学科も①である（第8章参照）。他方，選択科目のみからなる早稲田大学 LDP では，当初①を採用していたが，3年間実施してみた結果を振り返り，2019年春から④に転換した。共立女子大学では当初①であったが，新設されたビジネス学部では④に転換した（第7章参照）。

同じように PBL を通してリーダーシップ経験を積む授業法において①と④の違いは，先程のコルブの図（**図表2-1**）を用いると分かりやすい。いきなり PBL を始める①の授業は，「具体的経験」から始まって，内省的観察と多くの場合抽象的概念化をある程度行って授業が終了する。しかし，この授業パターンであると，「能動的実験」までは授業内でカバーできないことが多く，授業終了後に，別の授業やインターンシップを含む学内外の活動などに参加することが必要になってくる（**図表2-2**）。他方，知識をつけてから PBL を始める④の授業では，抽象的に整理されたリーダーシップの理論やコミュニケーションのツールなどから習得が始まるので，これは一種の「抽象化・概念化されたもの」から出発していると言えるだろう（**図表2-3**）。ただ，この場合の「抽象化・概念化されたもの」は自分自身の「具体的経験」から抽出された「抽象的概念」（持論）ではなく，これまでの「巨人の肩に立つ」形で先人の知恵や理論を借りることで代用している。そして次の「能動的実験」についても，教員が伴走しながら疑似体験することになる。すなわち，受講生は「せっかく知った理論やスキルを次の PBL で使ってみたい」と考え，実際に使えそうという感触を得てから，その気になってから（「能動的実験」の疑似形態），PBL に移行

図表２－２　いきなり PBL から始める授業

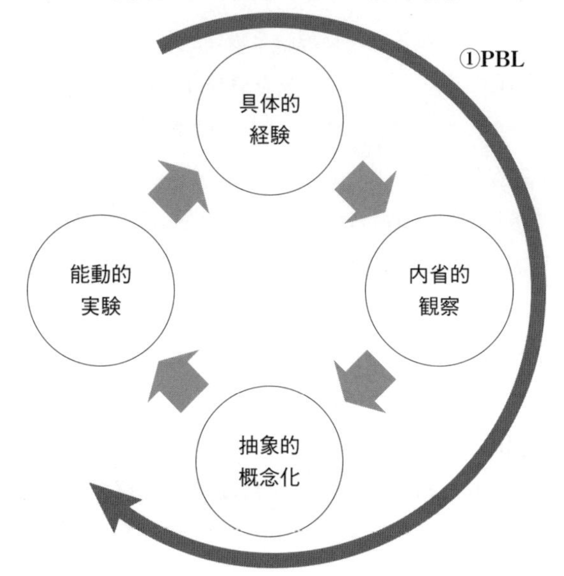

（出所）Kolb（1984）Figure 2.5 を簡略化

図表２－３　理論やスキルから始める PBL④

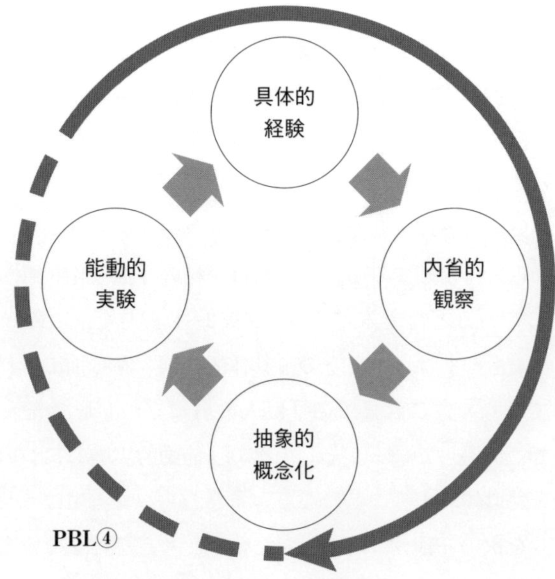

（出所）Kolb（1984）Figure 2.5 を簡略化

するのである。そのほうが未知の経験をいきなりさせられることへの学生の抵抗感が少ないというのが，2019年度前後を比較した早稲田大学と共立女子大学での経験である。

①と④のどちらの授業パターンがよいか，さらには，どの程度理論やスキルを教える助走期間を設けるべきか，の判断材料として，経験学習サイクルに図示されるような「具体的経験」と「抽象的概念（化）」の前後関係以外に，クラス・ビルディング具合やクラスメート同士の関係性改善という要素が強く関係してくる。この理論やスキルを学ぶことは，グループワークや相互支援ワークを繰り返すことで関係性が改善し心理的安全性が高まり，PBL のグループワークのための準備が整う効果がある。言い換えると，「理論やスキルを学んでから実践へ」という順番がよいという面以外に「理論やスキルを学ぶうちに実践も先取りして一部試行してしまっている」という面があると言える。

いきなり PBL を行うにせよ，助走をつけてから PBL を行うにせよ，これら授業だけでは，経験学習サイクルの左半分（**図表2-3**の破線部分），すなわち「抽象的概念化」したものを使う機会を自分で探す「能動的実験」を行い，新たな「具体的経験」を始めるという部分は，まだ疑似経験しかしていない。従って PBL に続く期間（場合によっては別科目）で支援していく必要がある。例えば，教室内では発揮できたリーダーシップを，次は，部活動やインターンシップ，友人・家族関係といった教室外で発揮し，これを授業で共有して学ぶ②の「リーダーシップ経験活用型」授業である。経験構築型で出発したリーダーシップ開発の授業は，そのあとに経験活用型授業（とくに②の経験並行型）で教室外の経験を促す形で補完していくと，リーダーシップ開発がより効果的になるだろう。

2 リーダーシップ理論の出番

さて，第1章では「リーダーシップ最小3要素」というごくシンプルな理論を使って，権限によらないリーダーシップを説明した。しかし，経営学部・商学部の組織行動論の授業やビジネススクールのリーダーシップの授業では，もっと多様な種類のリーダーシップの諸理論が説明され，教科書であればリーダーシップ理論史にあたる章が設けられていることも少なくない。例えば，比較的初期のものだけでも「特性理論」「行動理論」「状況適合理論」「交換理論」「変革型リーダーシップ理論」「リーダー発達論」「オーセンティック・リーダーシップ論」などが取り上げられる。こうしたコンテンツは，経験学習型のリーダーシップ教育においてはどのように活用すればよいのだろうか。特に，授業設計上はどのタイミングにこれらの理論の習得を置けばいいのだろうか。

結論から言うと，過去や現在進行中の経験を持ち寄る経験活用型（舘野，2018；堀尾・舘野，2020）の授業では，受講生の過去のリーダーシップ経験を共有しながら理論を使うのが現実的でもあり効果的と思われる。対照的に，リーダーシップ経験をこれから一緒に積む経験構築型の授業では，PBL の直後に行うのが効果的であろう。リーダーシップ経験をあまり持っていないうちにリーダーシップ理論の講義を受けるよりも，リーダーシップ経験を得たあとの方が，経験を整理（一般化・抽象化）するために理論が使われることが期待される。

まず，前節に述べたように，中学・高校・大学でリーダーシップ経験を積んできた学生の多いクラスや MBA のクラスでは，一つの理論を紹介するだけで，その理論で説明できそうなリーダーシップを発揮した経験を学生から集め，クラス内で共有することで理論の理解も深まり学生のリーダーシップ持論の形成も進むだろう。例えば５つの理論を５週で説明すれば相当に持論（経験学習サイクルでいう「抽象化・概念化」された自分なりの理論）も深まり，次の経験の場に送り出すにしても具体的な行動計画を立てやすくなるだろう。

他方，経験構築型のリーダーシップ授業では，これからリーダーシップ経験を積むため，こうしたことは期待できない。つまり，リーダーシップ理論を聞いても，「ああ，あのことか」という納得が得られにくい。また，これからいろいろなリーダーシップ現象を経験するだろうと準備するという目的だとしても，学ぶべき理論のバージョンが多すぎる。そこで，経験構築型のリーダーシップ授業は，少なくとも PBL を通して共通のリーダーシップ経験をある程度構築するまでは，リーダーシップ理論は「リーダーシップ最小三要素」（＋αとして最小三要素と親和性の高い「変革型リーダーシップ」理論）だけで済ませ，経験を構築してから，豊かなリーダーシップ理論史を活用して持論を深めていくという順番がよいのではないだろうか。

3　教室の内と外――深い学びと生涯学習[1]

これまでリーダーシップ授業や，もっと広い目でみた複数のリーダーシップ教育科目を述べてきた。しかし，この授業を受講している学生が授業の場から外に出るとどうなるだろうか。この学生へリーダーシップ授業では発言を促し励ましてくれていた教員も，リーダーシップを共に学ぶクラスメートもいない。この学生が別の時間に一方向の講義型授業の教室に入った場合はどうなるだろうか。大教室で手を上げて最初に質問する学生になるだろうか。他にも，学校外での友人関係やアルバイト先，インターンシップ先，家庭ではどうだろうか。そのような場でリーダーシップを発揮できるかどうかがこそ，リーダーシップ授業が深い学びとして定着したかどうかの分かれ目と言える。もし教室以外でもリーダーシップを発揮できるようであれば，先のリーダーシップ教育科目は「他者と関わりながら，対象世界を深く学び，これまでの知識や経験と結びつけると同時にこれからの人生につなげていけるような学習[2]」，すなわち深いアクティブ・ラーニング[3]が発生していたと言える。

教室内でだけリーダーシップを理解し発揮されていれば，それは教員のお膳立てのもとに機能しているので，「補助輪[4]」つき（with training wheels attached）で自転車に乗っている状態でしかない。他方で，これらの授業時間外に，教室外で（あるいは別の教室で）リーダーシップを発揮できているならば，それは補助輪なしで運転できていることになる。既に第1章で，新しいリーダーシップ教育は深いアクティブ・ラーニングを生みやすいことを説明したが，これらも，要は，リーダーシップの教室外において補助輪なし状態で，一人で運転できるようになることに関連していると言える。さらには，上下関係の厳しい体育会で下級生がリーダーシップを発揮している場合は，補助輪を外したうえに，長く曲がりくねった上り坂を登っていくようなものなので，その意味では上級篇に相当する。

自転車の練習の場合では，補助輪を使い始めた子供は，うまくバランスがとれないので補助輪の接地頻度が高くなる。しかし徐々に慣れてくると，補助輪が接地する頻度が減り，それにともなって親をはじめとした周囲の者は，徐々に補助輪の支柱を上に曲げて，自転車本体がかなり傾かないと補助輪が接地しないようにしていく。その結果として，子どもは滅多に補助輪を使わないようになるが，それでも補助輪があるので転倒しにくいという安心感は残っている。最後には補助輪を外す日が来て，単独で走行できるようになる。これにリーダーシップ教育をなぞらえると，補助輪は，教室で学生がリーダーシップを発揮できるように教員が心理的安全性を保証したり励ましたりすることである。それが功を奏して学生が発言できるようになってきたら，教員は徐々に補助輪を上げていかねばならない。すなわち教員からの励ましの回数を徐々に減らしていったり，心理的安全性確保を自分たちで行うように促したりしていく必要がある。

Heifetz 他（2007）の「静かな学級」の意である“silent class”は，補助輪を外した状態をクラス内でつくり出すために使うことができる。例えば，教員の周到に用意した環境でリーダーシップを学んできた学期の後半のある日，教員は教室に来ても座ったきり何も言わない。この時，学生らがそれまでの授業で学んだことを活かしてリーダーシップを発揮し，教員の力を借りずに学生同士で学習するような活動をクラス内で執行できれば，それは補助輪を外した状態といえ，教室を後にしてからもそのようにできる可能性がある。逆に，教室が無法状態になってしまったり，「何とかしてください」と教員に頼む学生が出てきたりすると，それはまだ補助輪が必要な状態ということになる。この silent class を通じて，教員は，「卒業したら毎日がこの silent class の状態なのだから，学習を続けるために自分でリーダーシップを発揮しなくてはいけない」というメッセージを与えているのである。備考として，この silent class を学期の初盤で実施して，自分たちが教員の支援なしにはリーダーシップについてまだ何も学習できないことを一度認識してもらうというふうに使うこともできる。ただこれは，教員の自己満足や教員自身の存在意義を確認するという目的として行うのではなく，どういう支援が学習に有効であるかを知ってもらい，いずれはそうした支援を学生たちが相互に行えるよう気づくために行うことを肝に銘ずる必要がある。

このように，アクティブ・ラーニングが教室内にとどまらず，教室外や卒業後にも展開されていくような深いアクティブ・ラーニングに繋がるためには，教室内にある学生のリーダーシップ発揮を支援する教員の準備や仕掛けといった支援を補助輪として教員も学生も改めて認識し，両者合意のもとに補助輪への依存を徐々に下げていくことが一つの方法であろう。先述の silent class は，その分かりやすい事例であると言える。予告なしの silent class ほど極端でなくても，徐々に補助輪を上げていくような過程においてリーダーシップ教育で使われるものもいくつかある。例えば，①授業の司会を学生に任せてみるという方法がある。これは，翌週の silent class の実施を予告し，ファシリテータを予め決めておくようなことに相当する。他に，②リーダーシップジャーナル（日誌）をつけるという方法もある。授業でのディスカッションのグループやクラスでリーダーシップを発揮することができるようになってきたら，次はクラスの外や学外でリーダーシップを発揮することを奨励する目的として，例えば過去一週間に自分がどんなリーダーシップ行動をとったか記録し，同僚やクラスで共有，フィードバックを受けるというものである。最初はジャーナルに書くためにリーダーシップ行動をとらねばならないという，一見すると本末転倒と思える現象も起きるが，それでもリーダーシップをとることを習慣にする（経験学習サイクルで言えば「能動的実験」を行なうことを習慣化する）という意味では効果が期待できる。

補助輪なしでリーダーシップを磨き続けられるようになった人は，在学中も，そして卒業してからも，初めて会った人や上司に対してリーダーシップを発揮できるように，練習を続けることが期待できる。必要に応じて相手にフィードバックを求め，もしもそのフィードバックが支援的・建設的なものでない場合でも自分の頭のなかで支援的・建設的に翻訳して経験学習サイクルに活かせるようになる。何らかの相手からのフィードバックが必要であることは学びの当初と同じだが，フィードバックの相手が教師やクラスメートのような学習成果目標を共有しているわけではない人から受け取ったフィードバックもどうにか料理して活かせるようになるということである。

どのようなリーダーシップ行動が適切であるかは，相手・状況や場・組織によって，また自分の個性によって異なってくるので，リーダーシップは常に練習し続ける必要があるし，卓抜した成果を出すためにはその価値があると言えるだろう。つまり，生涯を通じて「リーダーシップの旅」（野田・金井，2007）が続くのである。その意味では，リーダーシップはまさに生涯学習にふさわしい学習成果目標であると言える。さらに，以下のことがまさにリーダーシップには当てはまる。すなわち，「高等教育の主要な目標は，生涯学習者を育てることである。それは自ら新しい知識を獲得・保持・検索できる，意図的・自立的・自己主導的な学習者を意味する。そうした学習者だけが，職業生活のなか拡大する知識とスキルに習熟し続け，仕事がなくなってしまったあとも新しい職業に適応できる」（ニルソン，2013；邦訳 p. 1）だとすれば，遅くとも高等教育機関に在学しているうちに，リーダーシップ開発を習得しておくことの意味は非常に大きいと言えるであろう。

（日向野幹也）

注

(1)　第3節の一部は日向野（2015）をもとにしている。

(2)　松下（2015a），p. 23

(3)　松下編著（2015）ではこれをディープ・アクティブラーニングと呼んでいたが，その後ディープ・ラーニングは AI との関係でかなり異なった意味で用いられるようになったので，ここでは代わりに「深い学び」「深いアクティブラーニング」と言うことにする。

(4)「補助輪」メタファーは，認知心理学等で言う足場かけ・外し（scaffolding）に非常に近い。しかしここでは二つの理由から敢えて「補助輪」を使いたい。第一に，自転車は自分で漕ぐ必要がありリーダーシップのメタファーにふさわしいこと，第二に，リーダーシップと専門知識・業務知識の関係を説明するときにも，自転車のメタファー（前輪と後輪）を使うからである。

参考文献

石川淳（2016）『シェアード・リーダーシップ』中央経済社。

舘野泰一（2018）「リーダーシップ教育の理論と設計」中原淳監修，高橋俊之・舘野泰一編著『リーダーシップ教育のフロンティア 研究編』第2章，北大路書房。

野田智義・金井壽宏（2007）『リーダーシップの旅』光文社新書。

日向野幹也（2015）「新しいリーダーシップ教育とディープ・アクティブ・ラーニング」，松下佳代編著（2015）第9章。

堀尾志保・舘野泰一（2020）『これからのリーダーシップ』日本能率協会マネジメントセンター。

松下佳代編著（2015a）『ディープ・アクティブラーニング』勁草書房。

松下佳代（2015b）「ディープ・アクティブラーニングへの誘い」，松下編著（2015）序章。

Heifetz, R. and Marty Linsky (2007), *Leadership on the Line*, Harvard Business Review Press（野津智子訳『最前線のリーダーシップ』英治出版，2018年）.

Kolb, David (1984), *Experiential Learning*, Prentice Hall.

Komives, Susan, Nance Lucas and Timothy McMahon (2013), *Exploring Leadership*, Third Edition（日向野幹也監訳『リーダーシップの探求』早稲田大学出版部，2017年）.

Nilson, Linda B. (2013), *Creating Self-Regulated Learners*, Stylus Publishing（美馬みのり・伊藤崇達監訳，ニルソン『学生を自己調整学習者に育てる』北大路書房，2017年）.

第3章　学生アシスタントの養成と「学習する組織」の作り方

2006年に立教大学経営学部 BLP で，受講生20人のクラスに１人ずつ学生のアシスタントとして SA（Student Assistant）を置こうとした時，制度的に少人数クラスに SA を置くという想定はされていなかった。もともと，SA 制度の趣旨は，大教室での講義で出席カードやリアクションペーパーを配布・回収したり，パソコンのセットアップを補助したりといった事務的な目的であった。この少人数クラスに SA を置くのは，他の大規模な大学でも稀な事例だったのではないかと思われる。このときは白石典義初代学部長（故人）のご尽力で，なんとか BLP で受講生各クラス20人について SA １人を置いていただくことができた。幸いその後の数年で，他大学でも学生アシスタントがアクティブ・ラーニングやピア・ラーニングを推進する役目を担うことが全国的にも盛んに行われるようになった。立教大学経営学部 BLP が2011年に教育 GP の成果審査で「他に波及が見込まれるイノベーティブな取り組み」という認定を受け，2012年頃から授業や授業後の教員とアシスタントのミーティングを公開して，毎週大勢の参観者が来訪するようになったことも，この普及にある程度貢献したかもしれない。

最近では学生アシスタントをおくこと自体に加えて，優れた学生アシスタントを継続的に育成し効果的に配置するにはどうしたらよいかにも関心が持たれるようになってきた。そこで，本章では，なぜ SA をはじめとした学生アシスタントがクラスのアクティブ・ラーニングを促進するかをリーダーシップ教育のクラスの場合について説明し，そしてそうしたアシスタントにはどのようなスキルが必要で，それはどのように育成されるかについて論じてみたい。

1　学生アシスタントの役割と採用

第1章で説明したように，アクティブ・ラーニングをスタートさせるためには，教員が授業の場での心理的安全性を確保したうえで，学生にリーダーシップ最小三要素を可能なところから順次発揮するよう促す必要がある。このとき教員と協力してリーダーシップ発揮の手本を見せるのに絶好の位置にいるのが学生アシスタントである。もしも教員が自ら教室でリーダーシップを発揮してみせても，それは受講している学生にとってはすぐには手本になりにくい。というのも，学生から見れば教員は自分たちとはあまりに違う存在と思っているからである。それよりは，自分たちと年齢の近い学生アシスタントが手本になってくれるほうが学習効果は上がりやすい。

では，学生アシスタントが授業中にどのような役割を果たすか例示してみよう（カッコ内は学生アシスタントのそれぞれの大学での公式名称である）。

学生アシスタントは，まず授業進行について全体の司会の役割をする。本日のタイムラインを説明し，チェックインを行い，必要ならアイスブレーキングも担当する。当日のコンテンツに入ったら，教員と交替することもあるし，そのままアシスタントがコンテンツの説明を行ってしまうこともある。アシスタントと教員の分担は，全て教員との事前相談次第であるが，ここではアシスタントが最大限に活躍している場合を想定しよう。教員が教室で発言するのはあらかじめアシスタントと打ち合わせておいた知識のインプットのタイミングである。それ以外に授業の状況で発言の必要がある時は，適宜，挙手などして学生アシスタントの司会の許可をもらってから発言するようにした方が，学生アシスタントが授業の進行を主導しているという感覚を受講生が持ちやすい。こうすることは，学生アシスタント以外の学生が発言しやすくなる要因にもなる。

その他，学生アシスタントには，出欠管理や課題管理に始まる授業運営に付随する事務的な作業の多くを分担してもらう。ただ課題管理において，受講生が提出した課題（宿題）へのフィードバックとなると，教員が担当したほうがいいこともあるだろう。さらに，学生アシスタントは受講生のグループワークへ介入することもあるが，それにはそれなりのスキルが必要になる（後述）。また，Zoom などによる同期型双方向のオンライン授業の場合は，ブレイクアウトルームづくり等の IT 周りの仕事が上乗せされるので，アシスタントを増員するか，あるいは対面授業の時には学生アシスタントが行うはずの仕事の一部を教員らが手伝う必要も出てくる。

ここで，学生アシスタントをどう募集し採用するかという問題に触れておこう。すでに学生アシスタントの制度があったり，受講学年を特定の年次に指定した科目であったりすれば，前年度受講していた学生が学生アシスタントとして参画し，これに憧れて受講生のなかから進んで次のアシスタントになりたい学生が現れ，毎年続々と学生アシスタントが生まれる好循環が期待できる。しかし，ここで最初の年度に採用するアシスタントをどうするかという問題が発生する。というのも，授業の設置初年度であるから「前年度」の受講生がそもそも存在しないからである。立教での初年度（2006年度）には，たまたま私は前年度から学部開設準備室に着任していて，立教で初めての演習授業も持っていたので，SA 役としてボランティアで演習生を配置できた（これでも人数が足りていなかったので，他の演習からも手を借りた）。また，早稲田での初年度の時は，立教の SA 経験者数名を個人アルバイトとして雇用して TA になってもらった。ただ，早稲田生は最初の 2-3 年間は TA との関係が大変ぎこちなかったが，それについては第 5 章で説明する。こうした非公式な方法と比べると，桃山学院経営学部ビジネスデザイン学科の初年度（2019年度）は画期的であった。リーダーシップ教育で少し先行した甲南女子大学の学生を，学長同士の面談を経て，いわば大学同士で認め合って人材融通という形で桃山学院に派遣したのである。これはリーダーシップ教育を導入した大学同士の極めて有用な連携の例であると言える。現在，東京・神奈川・名古屋・京都・大阪・神戸付近にリーダーシップ教育導入大学が多い（第Ⅱ部）。今後もそうした人材融通のような連携が行われることを期待したい。

2　学生アシスタントの人選

学生アシスタントの希望者が集まるかどうかは，前年度の授業の最もわかりやすい評価指標の一つであると言ってもよい。受講生からみて納得のいく役割をアシスタントが果たしていて，そのアシスタントに自分も（努力すれば）なれるし，なりたいと思ってくれたかどうかの表れだからである。その意味では開講１年目のアシスタントの手配は，上に書いたように「受講生出身」の学生がいないだけに特に入念に準備したほうがよいだろう。

アシスタントの候補者が，事務作業を手堅く行える人であるかどうかは，候補者が受講生であったときの宿題提出率や出席率を見ればほぼ把握できる。希望者多数の場合はそういった数字で書類選考を行い，その後に個人面接やグループ面接で候補者を絞るという形でもよい（このグループ面接の一つの形として，後述する「質問会議」を採用するという方法も効果的である）。アシスタントの志望理由を面接や書類でたずねて，あまりにも「自分」の成長だけに興味がある者はお断わりするか，研修できちんと目的つまり「受講生の学びの最大化支援」の共有を行う必要がある。

私自身も，リーダーシップ教育を開始して何年間かはろくに研修をせずに新学期を迎えていたが，そうすると多くのアシスタントは自分が受講生であったときのアシスタントのやり方をそっくり踏襲することが，当然ながら多くなってしまった。つまり，前年度のアシスタントのよい点も悪い点も拡大して引き継がれるようになった。例外的に何も教えていなくてもいい塩梅の距離感で受講生に接してくれるアシスタントもいるが，反対に，受講生のロールモデルになるということを過度に意識すると背伸びし過ぎて無理が出てしまったり，自分が受講生のときにはこのようにした等とグループワークで助言し過ぎたり，また，受講生が未熟な保護されるべき存在という意識が強すぎて親切すぎる補助を行ってしまって結局受講生のためにならなかったりといった振る舞いをするアシスタントもいる。やはりアシスタントの天性に期待するのではなく事前研修を行うほうがよいと考える。

3　学生アシスタントと教員の事前研修

アシスタントの事前研修といえば，通常の授業科目であれば教科内容に関するものが大きなウェイトを占めることになるのであろう。しかしリーダーシップ教育では，同じ授業の前年度（または前学期）受講生がアシスタントになることを前提にすることが多く，教科内容の理解は受講期間におおむね済んでいることがよくある。従って，リーダーシップ開発の授業アシスタントの事前研修として重要なのは内容の確認，理解と，その教科内容以上に，受講生への接し方やグループワークへの介入方法の練習である。グループワークや PBL が多い授業におけるグループや個人に介入する方法の練習として，既存のものとして，個人コーチングのコーチや，質問会議®（アクションラーニング）の AL（Action Learning）コーチになるためのトレーニングが適しているように思う[(1)]。というのは，これらのコーチは，「真の回答はクライアント本人のなかからしか生まれない」というスタンス，すなわち，クライアント（この場合，受講生）自身が自分で気づかなければ行動にも学習にも結びつかないので，介入者（この場合学生アシスタント）にできることとしては，クライアントが自分で気づくような支援を行うことがせいぜいであるというスタンスに立っているからである。受講生に対して質問を投げかけることによって受講生の気づきを引き出す。つまり，質問によって支援するのである。しかも，質問する側（アシスタント）が必ずしも正解を知らなくても，適切な質問であれば受講生の気づきを促すことができる。逆に，正解を知っている，あるいは知っていると思っている場合は，質問が誘導的になりがちなので誘導しないよう意識して質問を工夫する必要もある。こうしたスタンスを理解し，練習によって，担当授業時間内も自分の行動をそのように律すれば，受講生に対して教えすぎてしまうことが減ると期待される。

個人コーチングと質問会議（アクションラーニング）のどちらを採用するかであるが，それぞれに一長一短がある。個人コーチングを採用した場合は育成プログラムの起動は小回りが利いて習得までが速い。極端な話，1人のコーチングに習熟した教員ないしプロコーチが100人の受講生を相手に，受講生に代わる代わるペアセッションを組ませて，デモを見せながらコーチングを体験することはできる。ただ，初心者ばかりの場合，ペアセッションの質の担保が難しく，本格的なコーチングを学ぶまでには至るのは難しく，コーチング的なコミュニケーションの仕方を経験する程度までにとどまることが多い（それはそれで価値がある）。それ以上を望むならばさらに多人数の教員ないしプロコーチの投入が必要になる。それでもアシスタントの研修としては価値があると決心すればそれだけ価値のある方法である。

他方，質問会議（アクションラーニング）は，1人の熟練者が一度に5，6人に対してインターバルを開けながら数回セッションを行う必要がある。教員ないしプロコーチが最初の学生5，6人を熟練者に鍛えるまでに最低8セッション程度の経験と，初めてアクションラーニングを経験する人との練習時間がかかるが，そのあとは2人の熟練者で5，6人のトレーニングを行っていくことができるので，そこからは研修を継続すれば，安定したペースで熟練者の人数が増えていく。また，質問会議（アクションラーニング）には個人コーチングとは異なり詳しいテンプレートや台本があるので，型は素早く習得できるメリットもある。

立教大学では当初アクションラーニングをアシスタント対象に用いていたが，対象人数を大幅に増やすためにコーチングに重点を移行した。早稲田大学では受講生用には個人コーチングを，アシスタントにはそれに加えて質問会議（アクションラーニング）のトレーニングを授業内で練習している（次の節で説明するように，早稲田ではアシスタントのトレーニングが別の授業としてカウントされている）。

ここまでは主にアシスタントの研修として説明してきたが，初めてリーダーシップ教育を担当することになった教員（従来から学部教員であった人が新たにリーダーシップ教育を担当する場合を含む）とアシスタントが混ざって研修を受けることは，教員とアシスタントが学び合う非常によい機会なのでぜひとも活用したいところである。特にめざしたいのは，アシスタントの心理的安全性を教員が確保するように意識し行動することである。アシスタントは年齢・世代の近い受講生の心理状態や行動傾向を把握する点で教員よりも有利な立場にいるので，その知見にもとづく提案や助言を行ってくれることは授業運営・改善のために必須である。ただ，そのことを教員が歓迎し傾聴してくれるという確信がないと，アシスタントは実際に言葉や行動に出しにくい。第1章でも述べたように，教員とアシスタントの間で相互支援が円滑に行われるためにはそうした心理的安全性が必須なのである。その意味で教員が個人コーチングや質問会議（アクションラーニング）を通じて学生や学生アシスタントの意見を傾聴する経験を積むことの意義は大きいと思われる。

また，同一内容で複数のクラスを開講する場合には，できれば授業曜日・時限も揃えて，複数クラスの教員とアシスタントで一緒に研修を行うことが，自然な FD/SD（Faculty Development/Staff Development）になり，学期中の授業運営チームの構築という意味でも効果的である。もしさらにコストをかけることが可能なら，初めての教員は，最初の一年間だけ二年目以降の教員とペアを組んで授業運営に慣れることに専念するようにできれば理想的であろう。

4　アシスタント業務はアルバイトか授業か

さて，学生アシスタントの募集や研修について論じてきたが，アシスタント業務や研修を大学としてどのような扱いにするかが課題となる。

一方の極は，全ての業務と研修をアルバイトとして扱うことである。この場合は科目の新設は必要ないが，当然ながらアルバイト賃金の予算が必要になるし，研修の講師を内部から立てるか外部委託するかといった問題も考える必要がある。また，時給制であれば勤務時間の管理が必要になり，業務量と勤務時間のバランスに問題が発生する場合も考えられる。

学生にアルバイトではなくボランティアとして働いてもらっている大学も数多くあるようである。学生が，自分の受けた授業が面白かったので，後輩たちの支援に回ろうという志は貴重で，そうしたボランティアが出てくるということ自体，授業が成功していることの証とも言える。ただ，このボランティアが上記のアルバイトと混合してしまうと，法的にグレーないしブラックになる恐れが出てくるので充分な注意を払うことが必要である。例えば，同一の学生が働くことについて，同じ仕事のうち時給の出る上限の時間まではアルバイトで，これを超える部分はボランティアで，といった扱いは許されない。それを許せばいくらでもサービス残業が発生してしまうからである。

私自身この問題に悩み，ある時期から全く別のアプローチを併用することにした。すなわち，業務と研修を，アルバイトとして扱うのではなく，正課の授業として扱うのである。アシスタント業務を授業として扱うために，支援を行う対象の授業と同一の時間帯に「リーダーシップ授業運営実習」という科目を新たに設ける。その科目をアシスタント業務を行う学生が受講することによって，その授業の一環として，支援する授業での研修を学んだり実技を行ったりすることになる。別の方式として，もし学期前に研修を行うのであれば，前の学期か，あるいは休み期間の集中授業として「リーダーシップ授業運営入門」のような科目を設けて同じようにアシスタントやその候補者に受講してもらうのもいいだろう。科目の新設については，学部・センターや教務部門と調整が必要になるだろう。リーダーシップの授業についてだけそのような特別な授業を開設する理由が問われるかもしれない。その場合，授業内容をやや汎用化して，（例えば）リーダーシップ授業以外に学部のなかで特にアクティブ・ラーニングを推し進めたい科目や PBL を採用したい科目に配属されるアシスタントたちをまとめてトレーニングする科目として位置付けることも可能かもしれない。

また，授業「運営」実習だけでなく，授業「設計」実習を授業として設定することも可能で，教育的にも極めて有意義である。なお早稲田大学 LDP では2019年度以降，授業「設計」のほうは授業化し，授業「運営」のほうはアルバイトとして，それぞれまったく別の学生が担当するという切り分けを行っている。今後さらに別の方式をとり入れていく可能性もある。

5　クラスを「学習する組織」に変える

第1章3節で説明したように，初回の授業が始まる時点で教員とアシスタントの間で，さらに複数クラスであれば複数クラスの教員・アシスタント間で心理的安全性が確保されチームワークが機能し始めていれば，それ自体が受講生にとっては良い見本になる。相互支援を教員とアシスタントが受講生の目前で実演することになるからである。そしてそのような相互支援や率先垂範を行うことのそもそもの目的が，クラスの学びの最大化であることも身をもって示すことも重要である。こうした考えや行動をクラス全体に浸透させ，クラスをひとつの「学習する組織」に変えることを，学期始めのクラスの目標として個々人のリーダーシップ開発と並行して設定としておくのもよい方法であろう。

クラスが「学習する組織」になるには，第一に，クラスの構成要素としての数人のグループがそれぞれ「学習する組織」になることが必要である。このグループとは，ディスカッションのための一回限りのペアやグループのこともあるし，数週間に渡る PBL のための固定グループのこともある。そのためには，コーチング的なコミュニケーションの練習をしたり，「安心安全な場を作るにはどうしたらいいか」という共通課題のミニ PBL を行ったりする等の方法がある（後者は第6章を執筆する高橋さんが2020年度から実際に早稲田大学 LDP で実践している）。リーダーシップ科目が1科目だけで開講されている場合には，そうした準備に充分な時間がとりにくいので，PBL のグループワークが始まってからも教員やアシスタントの粘り強い介入が必要になるだろう（介入については巻末付録も参照）。

クラスが「学習する組織」になるために必要な第二の要素は，クラス内のグループとグループの間の関係が「敵」やライバルではなく，支援し合う関係になることである。特に数週間の PBL のためにメンバーを固定してからは自分たちのアイデアを他のグループに「盗まれる」ことを警戒したり，グループ間でコメントや質問を交換するときに「攻撃」や「論破」をしようとしたりしていれば，それはグループ間の相互支援が不足していて，クラス全体として「学習する組織」になっていないことの表れであると言える。グループ内だけでなくグループ間で相互支援が起きていないとクラス全体がそのような状態にはならないのである。これを促すには，グループそれぞれを常に孤立した島のような状態に置くのでなく，PBL の過程で，グループ間で建設的なフィードバックを交換しあうような機会を何度かつくっておくと効果的であろう（フィードバックについては巻末付録も参照）。

（日向野幹也）

注

⑴　個人コーチングについては例えば CTI ジャパン・重松延寿（2014），Kimsey-house 他（2018）を，アクションラーニングについては清宮（2020），Marquardt 他（2004）を参照されたい。ただ，どちらについても早い時期にご自分で一度，適切に運営されているセッションを体験してみることが理解の早道である。なお，他の人がセッションに入っているのを外から見学するのは，その直後に自分

でセッションに入ってみる場合以外はほとんど効果が期待できない。機会をとらえてご自分で入ってみることが肝心である。なお，早稲田大学 LDP では毎年２月と８月に，学期中にアクションラーニングのトレーニングを修了した学生の公開実技試験セッションを，NPO 法人日本アクションラーニング協会と共同で開催している。この公開セッションは，主にアクションラーニング初体験の方々をゲストとしてお迎えしてアクションラーニングを経験していただく機会を兼ねている。その日程や申込み方法は，京都大学高等教育研究開発推進センターの運用する「あさがお ML」や，日向野の SNS で告知している。

参考文献

清宮普美代（2020）『質問会議』PHP 研究所。

CTI ジャパン・重松延寿（2014）『マンガでやさしくわかるコーチング』日本能率協会マネジメントセンター。

Kimsey-House, Karen, Henry Kimsey-House, Phillip Sandhal and Laura Whitworth (2018), *Co-active Coaching*, 4th edition, Nicholas Brealey（CTI ジャパン訳（2020）『コーチング・バイブル』東洋経済新報社）.

Marquardt, Michael, J. (2004) *Optimizing the Power of Action Learning*, Nicholas Brealey（清宮普美代他訳（2004）『アクションラーニング入門』ダイヤモンド社）.

第4章　遠隔授業の導入

新型コロナウイルス感染症による世界的なパンデミックが，社会のあり方を根底から覆して1年以上が経過した。大学教育の現場にも，その変化は否応なしに訪れた。本章では，いわゆるコロナ禍によって対応を余儀なくされた大学教育の遠隔授業対応の状況を，その最前線にいた当事者として時系列に沿って振り返る。

あらゆることが試行錯誤の連続で過渡期に置かれた現状ではあるが，この経験を遡りながら，本章でめざすのは「大学教育のリノベーション（再構成）に向かうため，私たちに求められるものは何か」に対しての考察である。昨年，前職での遠隔授業対応に追われながらも日向野先生の「リーダーシップ開発」講義に参加したことは，遠隔授業の意義・目的・有効性を自らに確認するためにも非常に有意義な体験だった。そこで感じた手応えを含め，非対面型で行われてきた授業の実践から見えてきた，デジタル時代における大学教育の可能性について提案したい。

1　遠隔授業とその設計

(1)　緊急遠隔授業のはじまり

時間を2020年の初頭に戻し，記憶と行動をたどってみよう。新型コロナウイルスに流行の兆しが見えはじめた早いタイミングで，米国のいくつかの大学がキャンパスを閉鎖した。授業もオンラインに切り替えられはじめたが，緊急遠隔授業[(1)]（Emergency Remote Instruction）と呼ばれる，オンライン化の波が起きたと認識されたのは，3月9日だったと考えられる。この日，スタンフォード大学とワシントン大学が対面授業を全面的に中止しすべてを非対面型のオンライン授業に切り替える，という発表がなされたのだ。そして翌日の3月10日には，ハーバード大学やマサチューセッツ工科大学（MIT）も，すべてを非対面型のオンライン授業へ移行することを発表した。筆者が2018年にサバティカル研修で客員研究員として在籍していたタフツ大学も，3月10日にキャンパス閉鎖とオンライン授業への移行を発表している。対岸の火事ではない，この波は早晩日本の教育現場にも襲いかかってくる，そう感じながら日々の業務にあたっていたことを鮮明に記憶している。

一方日本では，同時期に東京大学がオンライン授業の検討を開始したという報道があった以外，ほとんどの大学は現状維持で，準備は進んでいなかったと見受けられた。新型コロナウイルス感染症への危機感はまだ薄く，そのうちに感染状況も軽減するだろうという認識が大多数を占めていた。私が当時把握していた限りで，日本において新型コロナウイルス感染症への初期対応を発表した大学はほんの数校だったと認識している。名古屋商科大学（3月12日），早稲田大学，立命館大学（3月16日），国際教養大学（3月19日），そして国際基督教大学（3月23日）などである。

3月24日，文部科学省は「令和2年度における大学等の授業の開始等について（第1259号）」という通知を出す（文部科学省，2020）。遠隔授業の活用について，この通知では2種類の方法に触れられている。つまり，「テレビ会議システム等を利用した同時双方向型の遠隔授業」と「オンライン教材を用いたオンデマンド型の遠隔授業」である。文部科学省の見解では，この2種類の遠隔授業の方法を「自宅等にいる学生に対して行うことは可能」としたのだ。

日本中の大学と，そこに従事する現場の教員は混乱した。その要因は，「テレビ会議システム」と「オンライン教材を用いたオンデマンド」，この2種に明確な定義，切り分けがないまま通知されたため，いわば「ないまぜ」になったことにある。例えば MOOCs（Massive Open Online Courses）で制作されているような，スライドに音声を吹き込んだビデオを置いておけばいいのか（そしてそれは誰がどうやって制作するのか），例えば Zoom や Teams に代表されるような，オンラインビデオ会議システムを活用して，すべて同時性を担保して行うべきか，それともレジュメにあるスライド資料や文献精読を指示するだけでよいのか。対面教育を主としてきた多くの大学および教員に，それらを判別する確かな経験と判断基準は乏しかった。

毎日新聞6月7日朝刊の記事「大学遠隔授業のみ6割」は，当時，新型コロナウイルス感染症第2波を警戒し，対面授業およびキャンパスの再開に踏み切れない大学の状況を報じている。しかし，大学および教員も，ただ手をこまねいていただけではない。この記事は，Facebook 上のグループである「新型コロナの休校で大学教員は何をすべきかについて知恵と情報を共有するグループ」についても紹介しており，現場の教員間においてオンライン授業に関するノウハウの蓄積も進んでいるという観点で記事が構成されている。

(2)　2万人の大学教員の叫び

「新型コロナの休校で大学教員は何をすべきかについて知恵と情報を共有するグループ」は，3月31日に関西学院大学の岡本仁宏を発起人として立ち上げられた。筆者がモデレータの末席に加わったのが4月6日で，以後管理者の1人を務めている。

図表4-1は，2020年6月初旬までの，同グループにおける参加者数および投稿・コメント数の推移である（杉森，2020）。これを見ると，グループの参加者は，立ち上げから1週間で1万人に達し，2カ月で1万9,000人に達した。グループ内の投稿数は3,000余り。手探り状態でありながら遠隔授業を成立させるために，叫びにも似た大学教員の模索の軌跡がここに残されていると言っても過言ではないように思う。

「教える側も教えられる側も未曾有の出来事であった。成功や失敗の体験が機能の強化やよりよい授業につながる」と，創設管理者の岡本は振り返っている。文部科学省の通知を受け，大学の多くは新学期開始を遅らせたが，知見の乏しい遠隔授業の準備に対して与えられた猶予期間は1～2週間しかなかった。さらに学生だけではなく教員もキャンパスに立ち入ることができない状況は教員を孤立させ，それまで対面での会議や会話，時には雑談のなかで共有されていたヒントや Tips も共有されなくなっていく。いわば拠り所が，教員から失われていた状態だったのである。

2021年8月現在も，当グループには2万人強のメンバーが参加している。グ

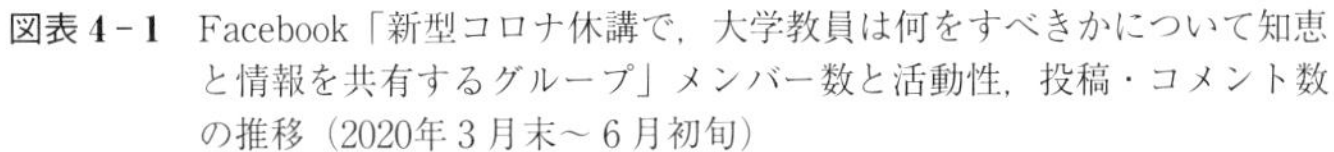

図表4-1　Facebook「新型コロナ休講で，大学教員は何をすべきかについて知恵と情報を共有するグループ」メンバー数と活動性，投稿・コメント数の推移（2020年3月末～6月初旬）

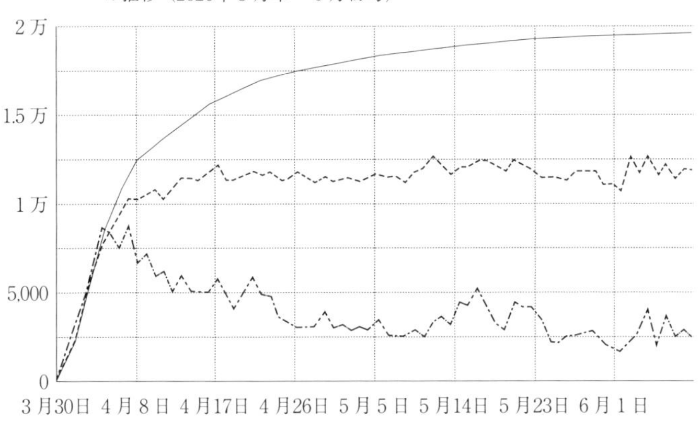

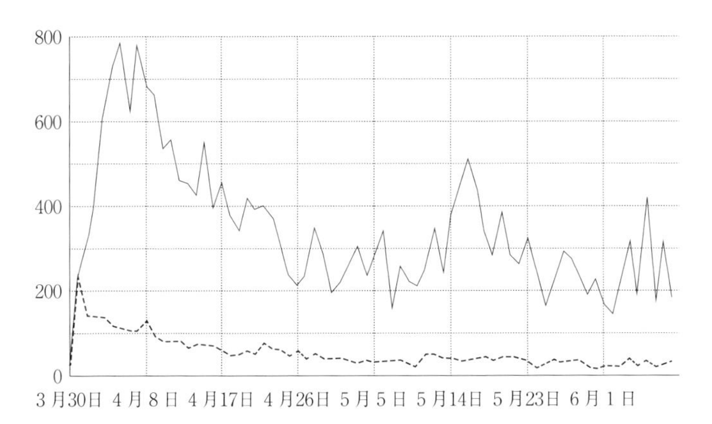

ループ上のコミュニケーションも継続しており，投稿やコメントが日々10件から20件行われている。2020年4月当初は，休講への緊急対応が主眼であり，Zoom の使い方や遠隔授業の具体的なノウハウに関する投稿が目立っていた。現在では，実技・実習の対応や，オンライン試験の実現方法，対面授業と遠隔授業の効果の差異に関する問題提起や調査協力など，より成熟度の高いものに

変わってきているように思う。それは岡本の先に引いた振り返りにもあるように，2万人の大学教員の，実際の体験に基づく経験則や知見の積み重ねによるものであろう。

(3) 金沢大学での遠隔授業への対応事例

前掲した文部科学省通知に戻る。「同時双方向型の遠隔授業」「オンライン教材を用いたオンデマンド型の遠隔授業」の2つを最良の形で組み合わせた設計は，通知を出してすぐ実行できる類のものではなく，十分な準備期間が本来必要である。本項では，筆者が当時所属していた金沢大学の状況と最初に取った緊急の施策を踏まえて紹介したい。

金沢大学では，文部科学省通知で言うところの「同時双方型の遠隔授業」を同期型遠隔授業（Synchronous），「オンライン教材を用いたオンデマンド型の遠隔授業」を非同期型遠隔授業（Asynchronous）として，区別を明確にするところからスタートした。そしてまずは，非同期型に焦点を絞って授業設計にあたることを決定した。筆者は金沢大学の FD 担当教員として，その意思決定の支援と，遠隔授業構築の実際の支援にあたった。

同期型で行う遠隔授業の場合には，教員と学生が，例えばオンライン型のビデオ会議システムなどを使用し，映像や音声等による質疑応答，意見交換を行うことが必要になる。その場合に懸念されたのが，教員・学生の双方における通信環境である。キャンパスが閉鎖され，教員・学生ともに自宅から授業に参加せざるを得ず，通信環境の整備が担保されていないため，場合によっては映像・音声が途切れてしまい，その対応が混乱に拍車をかける恐れが大きかった。一方，非同期型の遠隔授業の場合には学生からの課題提出や質問の受付および回答，学生間の意見交換等についてインターネット等を通じて行うことが必須となる。金沢大学では幸いにして学習管理システム（Learning Management System, LMS）の整備が十分であったため，データ量を適切に制限しておけば，基本的な双方向性を保ったコミュニケーションを保つことができると予想されていた。

金沢大学では3月24日の文部科学省通知を受け，大学の開校を2週間遅らせ

図表4－2　同期型・非同期型の授業設計ガイド

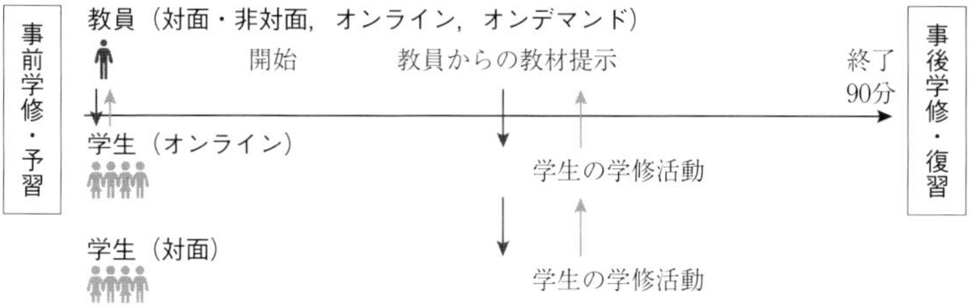

ハイブリッド／遠隔授業のポイント

a. オンライン教材は，音声，動画のあるなしにかかわらず1ユニット5分～10分程度の長さにする
b. 学生がオンライン教材の内容を理解したか，問いかけたり，小テストを行うなど，適切に確認する
c. どんなことを学生に学修させようとしている場合においても――彼らに実践の機会を与え――迅速にフィードバックする（対面，チャット・会議室を組み合わせて）
d. 学生の学修の質を評価する，学生に省察させる（小テスト，事後学修課題などで）
e. 90分の学修時間として設計するが，オンデマンドを含めて1週間の間の一定の期間で学修が完了するように促す
f. 対面・オンラインでは，学生との双方向のやりとり（学生の学修活動の確認）により出席確認する

た上で，4月20日以降非同期型の遠隔授業を実施することに決定した。4月8日に行った，遠隔授業の対応指針について確認する教員説明会は，学類長と遠隔支援対応にあたる教員合わせて40名を対面で，また希望者を同期型の遠隔配信で結んだハイブリッド型で開催した。希望者は200名にのぼり，その関心の高さと，合わせて教員の焦燥を感じることにもなった。当時想定していたのが，パワーポイントのスライドを遷移させながら音声を吹き込んだ教材を配信する非同期型遠隔授業であったが，それをどのように実現するのか，具体的な方法を提示したのが，**図表4－2**の授業設計ガイドである。当時は，図中の「オンデマンド型」のみが推奨とされたが，のちに実施することになる対面・非対面の混在型授業（後述）の実現にも活用できるガイドとなっている。

情報インフラの整備・充実も欠かせない要素であった。まずはLMSがアクセス増加で停止しないようサーバーの増強や動画ストリーミングサーバーの整備を行った。加えて，非同期型から同期型遠隔授業への移行を見据えて，オンラインビデオ会議システムWebExのライセンスを全教員へ付与した。これにより，インフラ上は2週間の準備期間に全ての授業を遠隔授業で行うことが可能となった。6月以降の第2クォーター（4学期制の2番目の学期）には，対面授業型・双方向テレビ会議型（＝同期型）・オンデマンド教材型（＝非同期型）・この3タイプの併用，というパターンのどれか，あるいは組み合わせて行うということを，シラバスに明記することができる状況に歩を進めることができた。

なお，大学教員を対象にした，組織的な教育研修や能力開発の機会をファカルティ・ディベロップメント[(2)]（FD）と呼称するが，金沢大学では大小様々なFD研修会を緊急に開催した。結果として，年15回のFD研修会に，のべ1,000名を超える教員が，オンライン・オフラインで参加した。それら研修会の様子を収録したオンデマンド録画や教材のアクセス数はのべ8,500回。授業づくりがテクノロジーと密接になったこの時期は，Facebookグループ上の交流と合わせて「史上最大規模のFDの進展」が実現された時代であったと，佐藤浩章は表現している（佐藤，2020）。

(4)　遠隔授業のポイントとパターン

同期型遠隔授業・非同期型遠隔授業それぞれに長短があり（**図表4-3**：淺田，2020），教員の授業設計によって学生の学修の質は大きく影響を受けるとされている。授業ガイド（**図表4-2**）で強調していることは，対面であれ非対面であれ，教員からの教材提示という矢印と，学生がそれで何を学ぶのかという学修活動の矢印が上手くかみ合い，90分相当の時間の中で組み合わされなければいけないということである。

事前学修・予習と，事後学修・復習に挟まれたこの90分の時間で，遠隔授業を円滑に進めていくためのポイントには6つある。

1つ目としては，オンライン教材は1ユニットあたり5分から10分程度の長さにする必要がある。自宅でひとりPCに向かっている学生が集中できる時間には制限があるという前提に立つことが重要である。それは教材がビデオであれ資料であれ同様と考えられる。2つ目のポイントは，学生がその教材の内容を理解したかどうかという，教員からの問いかけだ。適切なタイミングでの対話や小テストの実施といった学修活動の設計である。3つ目は，学生が学修す

図表 4－3　同期型と非同期型の違い

	学修時間	学生からの質問等	メリット	デメリット
同期型	学生・教員が同時参加（同時双方向）	リアルタイム（チャット等）または後日（メール等）	• 参加している学生がわかる（出席） • 少人数でのディスカッションを実施しやすい	• 通信環境の影響を大きく受けてしまう（回線の切断等） • Zoom 等のソフトウェアの習熟が必要
非同期型	学生は各自のペースで参加（オンデマンド）	その都度、掲示板やメール等で	• 自動採点の小テストなどを利用しやすい • 理解度に応じて、繰り返しの学修が可能	• 全くアクセスしない学生の支援（学修意欲の持続）等が必要 • LMS や動画配信サービスの安定的運用が必要

（出所）淺田義和 2020 を一部改変

る内容を問わず，学生側に実践の機会を与え，それに対して迅速にフィードバックする必要があるということである。教員も学生も互いの顔が見えない状況で，チャットや掲示板上のやりとりであっても，学生が「授業を共につくっている」ことの実感を得ることの効果は計り知れない。4つ目は，学生の学修の質を評価することである。学生に省察をさせる，振り返りを行う小テストや，事後学修課題を設ける必要がある。5つ目は，授業の設計として教材提示・学修活動を合わせて90分を学修時間としているが，1週間という一定の期間で学修が完了するように促すことである。オンラインで顔が見えないため，学生の学修状況が見えにくい。期末になって，慌てて積み上がった課題をこなすような状況は極力避けなければならない。6つ目のポイントは，遠隔授業の出席確認だ。学生との双方向のやり取り，学生の学修活動の確認によって出席確認を行う必要があるということである。振り返りの小テストや，ミニッツペーパーなどの手法を用いた質問のやりとりを通して，学修活動の充実を促すことも可能となる。

金沢大学の FD 研修会では，これら6つのポイントを押さえながら，オンライン教材の取り得る様々なパターンを例示した。

パターン1（**図表 4－4**）では，資料や音声付きパワーポイント（ビデオ）を教材として提示する。この資料提示は5分から10分を，一つの授業あたり1から

3個までに抑える必要がある。授業では，事前に用意した各資料・オンライン教材ビデオを提示したあと，理解度確認の小テスト，ディスカッション，質疑応答等を行う掲示板，チャット，アンケートの仕組みを採り入れて，資料・オンライン教材ビデオと学生の学修活動が組み合わされるように示されなくてはいけない。

パターン2（**図表4－5**）では，音声付きパワーポイントやビデオを複数種まとめて提示しても構わないが，資料を提示したあと，掲示板などの仕組みを用いて個人で投稿してもらい，それをベースに相互討論を行ったり，掲示板やチャットを用いて，グループでの討論が行われるように工夫しなければいけない。

パターン3（**図表4－6**）は，ゼミ活動を想定している。資料やオンライン教材ビデオ提示のあと，学生各自で課題を設定してもらい，課題を元にして提出された学生の成果物にフィードバックを加えたり，講評，解説を行う。その後掲示板やチャットなどを用いて相互討論を行って，最後に小レポートを提出してもらうといったパターンを考えることができる。

以上の3パターンの基本は，同期型遠隔授業であっても共通して取り入れることが可能である。ただし，学生の画面越しの学修活動（様々なオンライン・アクティビティ）を教員1人が適切に把握し，適時に指示・発問を行うには，教員にファシリテーターとしてのスキルが求められる。非同期型での授業設計に慣れておく段階を踏むことで，同期型の遠隔授業を行う準備になるであろう。

さらに遠隔授業を成立させるためには，様々なパターンを学生に示す必要がある。金沢大学では教員に対して，学生向けの講義説明書（学生向けガイド）を提示することを推奨した。講義説明書は，シラバスに書かれた授業形態・学修活動の説明を補うために，遠隔授業設計ワークシート（**図表4－7**）に沿って，講義の要点や課題の指示を明確にした学修ガイドとなる。このなかでは，各回の到達目標，使用する教科書や補助教材，前掲のいくつかのパターンのように，学修の流れに沿って学生が行う学修活動を箇条書きにし，学修活動に対応する時間数，事前学修や事後学修，課題に対応した評価基準やチェックリストを例示する。教員の授業設計の工夫を学生に明確に伝えることによって，90分の学

図表 4－4　非同期型遠隔授業設計のパターン 1

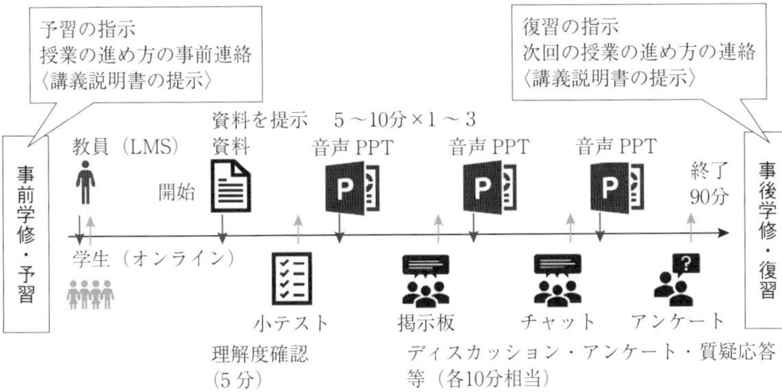

予習の指示
授業の進め方の事前連絡
〈講義説明書の提示〉
復習の指示
次回の授業の進め方の連絡
〈講義説明書の提示〉
資料を提示　5～10分×1～3
教員（LMS）
資料
音声 PPT
音声 PPT
音声 PPT
開始
終了
90分
事前学修・予習
事後学修・復習
学生（オンライン）
小テスト
掲示板
チャット
アンケート
理解度確認
（5分）
ディスカッション・アンケート・質疑応答
等（各10分相当）

図表 4－5　非同期型遠隔授業設計のパターン 2

予習の指示
授業の進め方の事前連絡
〈講義説明書の提示〉
資料を提示
5～10分×1～3
復習の指示
次回の授業の進め方の連絡
〈講義説明書の提示〉
教員（LMS）
資料音声 PPT
資料音声 PPT
音声 PPT
開始
終了
90分
事前学修・予習
事後学修・復習
学生（オンライン）
掲示板
チャット
掲示板
チャット
アンケート
個人での掲示板の投稿のあと
総合討論（30分）

図表 4－6　非同期型遠隔授業設計のパターン 3

予習の指示
授業の進め方の事前連絡
〈講義説明書の提示〉
課題をもとに資料提示
フィードバック
復習の指示
次回の授業の進め方の連絡
〈講義説明書の提示〉
教員（LMS）
資料
資料
講評・解説
開始
終了
90分
事前学修・予習
事後学修・復習
学生（オンライン）
課題提出
掲示板
チャット
掲示板
チャット
小レポート
提出
総合討論

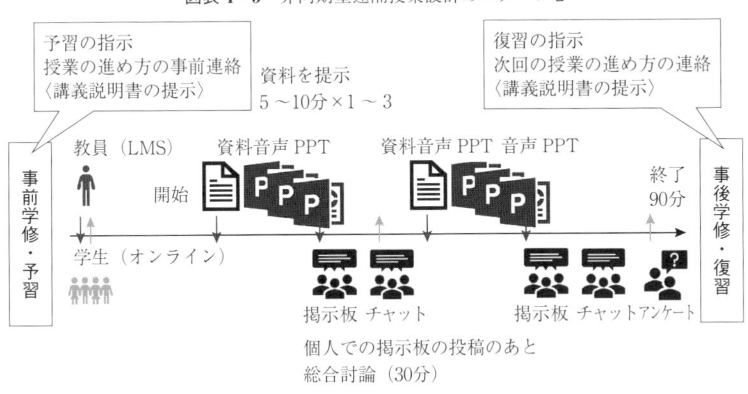

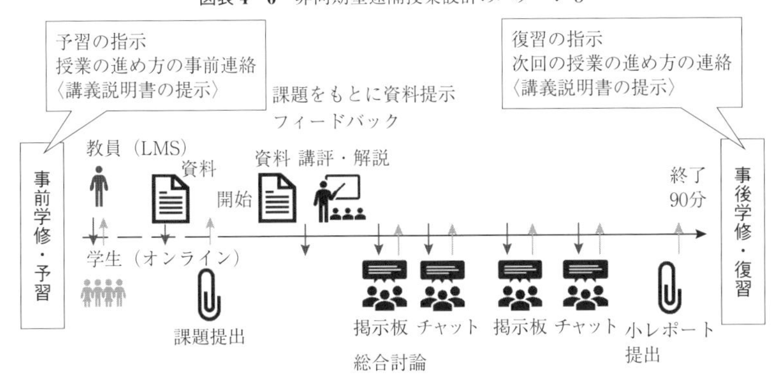

図表 4-7　遠隔授業設計ワークシート

項　目	Web（教材提示）― Activity（学修活動）		備　考
授業名			
到達目標	学生を主語に，「～できる」で終わる		
評価方法	到達目標の達成をどのように，見取り，判断するか		
授業計画	W1. 教材で何を伝えるか？	A1. 授業内でどんな活動を？	
	W2.	A2.	
	W3.	A3.	
	W4.	A4.	
	W5.	A5.	
最終課題	到達目標を，どのような課題（テスト・レポート・実技等）で評価するか？		

（出所）井上博樹 2014 を参考に，一部改変

修時間を混乱なく設計することができるようになる。

2　改めて遠隔授業とは何か
――デジタル・ペダゴジー（デジタル時代の教育学）の光と影

(1)　遠隔授業によって失われたこと

同期型・非同期型の区分が，大学教育の遠隔授業化のためには必要になることをみてきたが，淺田による分類（**図表 4-3**）でもふれたように，同期型と非同期型にはメリットとデメリットが存在している。同期型の場合には，学生，教員が同時に参加することができるというメリットがあるが，デメリットとしては通信環境の影響を大きく受けてしまう。Zoom 等のビデオ会議システムを使っている最中に，トラブルやネットワーク切断に四苦八苦する経験がある方も多いだろう。非同期型の場合には，学生は各自のペースで参加することができるが，デメリットとしては，まったくアクセスしない学生の支援等が必要になる。互いに顔が見えない状況で，非同期での教員と学生，学生同士のコミュニケーションが不足することは，非同期型の場合に特に起こるようである。メリットとデメリットがあるなかで，同期型に使うツール，非同期型に使うツールも様々あり，どのツールを上手く使っていけばいいのか答えのないなかで，

図表4－8　授業設計の三角形

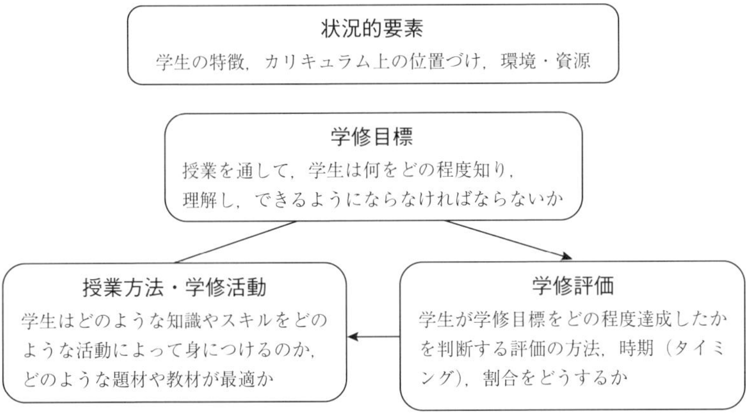

（出所）フィンク（2011）

それぞれの大学が対応してきた。

しかし，身体性を失ったままの「オンライン大学」が唯一の最適解になることはなく，これから先の大学の再設計を行うためには，遠隔授業と対面とを組み合わせたハイブリッドの授業設計を考える必要があろう。同期型と非同期型が混在した授業設計を行うために，授業設計の三角形における4つの要素を確認したい（**図表4－8**：フィンク，2011）。学習者の特徴は何か，カリキュラム上の位置づけは何か，環境・資源はどのようなものがあるか，という状況的要素をベースにして，大学教員は，授業を学修目標，学修評価，授業方法・学修活動の三角形で考える必要がある。授業設計の三角形のうち，このコロナ禍のなかで最も変更を迫られたのは，授業方法・学修活動の部分であっただろう。学生がどのような知識やスキルをどのような活動によって身につけるかという授業方法・学修活動は，対面で授業ができなければ，全てオンライン上で，Zoom やビデオ教材によって提供する必要に迫られてしまったため，ツールの上手な利用法を考えなくてはならなくなった。

オンラインツール・デジタル技術の優れた利用法の獲得を伴いながら，学生と大学教師が一緒にオンライン上の学習コミュニティを保持するために何ができるかについて，ダルビーはクロニクル・オブ・ハイアー・エデュケーション誌で5つのポイントを示している（Dalby，2020）。この5つのポイントは，アクティブ・ラーニング型授業をベースにして，これからのオンライン授業の設計，対面授業とのハイブリット化に有効な示唆を与えるだろう。1点目は，学生との交流のための時間を設定し，そのスケジュールを守ること。2点目は，可能な限り柔軟に対応すること。3点目は，短時間の本格的なビデオを作成すること。4点目は，意図的にたくさんのコミュニケーションをとること。5点目は，あまり日本では馴染みのない考えとなるが，教師の脆弱さ（Vulnerability）を示す。私たちも不完全であるということを見せて，一緒に学修を成り立たせるように協力するという姿勢を見せることである。

(2) デジタル化されて失われた身体性を補うには

山口洋典は，筆者と岡本仁宏との鼎談をもとに，改めて学びの環境整備のあり方を問い直している（山口，2021）。Zoomでは，モニタの画面に切り取られ制限された平面でしかコミュニケーションを取ることができない。身長でさえも互いに知ることがない限定的な情報の往来で，対面の教室空間で得られたであろう経験が損なわれたという実感もあるかもしれない。一方では，従来の伝統的な大学教育で共時的に大学教員と学生が学術知を共有していたことが幻想や虚像ではなかったか，改めて身体性の価値も問われている。対面の機会が稀有になったことで，否応なしに授業・学生生活・課外活動，教育・研究に関わる全ての課題が顕在化（actualized）し，可視化（visualized）されたことによって，過去の日常に戻ることはないのかもしれない。オンラインの利点と，対面の利点を生かす新たな授業形態の模索が求められる。

大学教育のカリキュラムの再考という観点も，古くから予見されていることである。ノースイースタン大学のジョセフ・アウンは，AI・知能機械に対抗する力をROBOT-PROOF（ロボット耐性）と呼んで，来るべき知識社会の到来に批判的思考・システム思考・アントレプレナーシップ・異文化アジリティの4つの認知的能力を獲得するための現代におけるリベラルアーツカリキュラムの再創造を提唱した（Aoun, 2017＝2020）。大学教員にも学生にも，新しい状況のなかで対応する力としての異文化アジリティ＝「専門家が異文化に置かれた状況でうまく仕事をこなすための超重要スキル（メガ・コンピテンシー）」（杉森ら，2020：87）の獲得を通して，新しい日常へ繋げていかなくてはならないのである。

3 遠隔授業のその先へ

(1) ブレンド（オンラインとオンデマンドを混ぜる）

2020年の秋学期以降には，対面再開を見据えて様々な対面授業とオンラインの組み合わせが試行錯誤された。**図表4-2**で示した授業ガイドでも，遠隔授業設計で教員からの教材提示と学生の学修活動の矢印が組み合わされることに加えて，対面の学生とのやりとりを加えている。教員は2つの異なる場所にいる学生に目配りを行う必要が出てきてしまう。このことは通常，相当の困難を伴うこと，あるいは不可能とも思われてきた。

2020年4月の時点で，マロニーとキムは，対面再開を見据えた低密度な大学のあり方を「15 Fall Scenarios」として発表している（Maloney & Kim, 2020）。この記事中にあるいくつかのシナリオは既存のアイディアや対応策の集合であり，「ブレンディッド・ラーニングの衝撃」（ホーン＆ステイカー，2017）でも紹介されているものの，本邦ではまだ広く知られたものではなかった。筆者と佐藤浩章は，2020年7月「秋学期以降の15のシナリオ――ソーシャル・ディスタンス時代における高等教育」として監訳し，新しい授業方法の提案を含めて紹介した。この15のシナリオの中では，通常への回帰モデルから完全な遠隔教育のモデルを両極に置いた連続体のうえに，時期，学生層，カリキュラム，場所，教授法といった要素が並べられている（**図表4-9**）。

このなかで私たちが対面とオンラインを有効に組み合わせられるとするならば，13番目と14番目が対応するだろう。13番目のハイフレックス・モデルは，対面とオンライン・オンデマンドの授業形態を混在させるハイブリッド（Hybrid），学生が対面とオンラインを柔軟に選択できる（Flex）を組み合わせた造語である。14番目の修正版チュートリアルモデルでは，オンラインツールを必ずしも必要としない分散型で密を回避した少人数のゼミナールや，共通のオンライン授業を受講したあとで議論を行う反転授業の設計を可能とする。ただし，シナリオ13のハイフレックス・モデルの実現には注意すべき点が多い。筆者

図表 4－9　連続体の上に配置された 15 のシナリオ

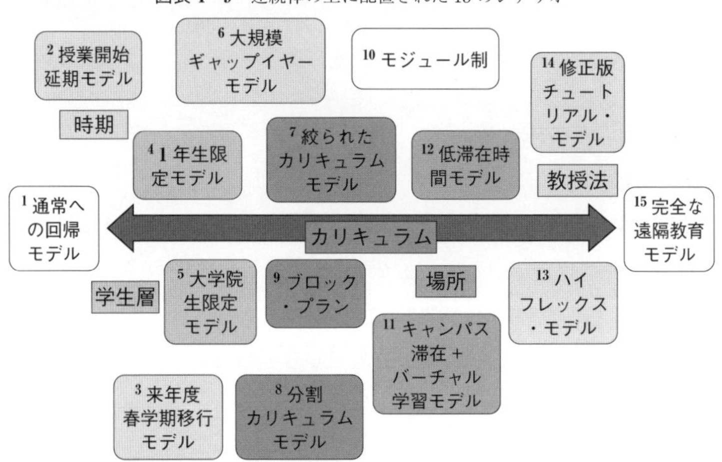

（出所）Maloney & Kim 2020, The Low-Density University : 15 Scenarios for Highen Education

らの訳出によれば，「このモデルは柔軟性があり，多くの人にとって魅力的なものでしょう。教員は対面とオンラインの授業を同時に行います。学生は受講場所をキャンパスか自宅か選びます」「TA（ティーチングアシスタント）等の支援や，意図的にデザインされた教室環境，そして学生，教員の多大な忍耐が必要となります」とあり，多くの大学がすぐ取り組むべきものではないという，注釈がついている。このハイフレックス，またはハイブリッドという言葉が1人歩きすると，十分な準備がなくても安易にどの大学も対面再開できるというミスリードを起こす恐れがある。

⑵　ハイフレックス・モデルの実現のために

それでは，どのように対面とオンラインを混在させる授業設計を工夫していけばよいのであろうか。遠隔授業設計のワークシート（**図表 4－7**）のなかの，学修活動に，対面とオンラインのそれぞれでどんな活動を行うかという視点が加わる。2つの活動を，教員が明確に示すとともに，実際には教員にとっても学生にとっても多大な忍耐を必要とすることになる。ハイブリッド型の授業設計にあたっては，機材，場所によるアクセシビリティ，人的支援，学生の4観点から授業設計を見直す必要がある。機材にはパソコン，iPad，書画カメラ，外部カメラ，マイクなど，質のよいものを整備する必要があり，場所についても教室，別教室，または研究室や自宅といった様々な環境の違いを考慮する必要がある。人的支援としては特に大規模な課題解決型授業，PBL では，チーム・ティーチングを主として，大学院生や上級生を TA（ティーチング・アシスタント）や LA（ラーニング・アドバイザー）・SA（スチューデント・アシスタント）・CA（コース・アシスタント）として雇用し，対面側だけではなく，オンライン側と機材側に配置し目を配らなくてはならない。学生が対面側に参加した場合にも，イヤホンマイクの使用を必須としてハウリングを防止する等，学生の授業参加についても工夫をする必要がある。

4 「リーダーシップ開発」の遠隔授業化（完全オンライン）から見えたこと

(1) SA の学び，教師と学生の相互の学び

非同期型の遠隔授業支援を中心に対応していた2020年６月，まだまだ同期型遠隔授業のノウハウが十分に得られず，TA・SA とつくる授業実践も多くなかったところ，筆者は早稲田大学で行われていたリーダーシップ開発（LDP）の完全なオンライン化を TA/CA とともに成立させているという報せに触れた。LDP と，そのベースとなる手法であった質問会議（アクションラーニング）には，2017年に福井県で日向野先生による教員研修に筆者が参加した経験もあり，その様子は折に触れ聞いていたものの，この早い段階で TA・CA が参画する形でのオンライン化に驚かされた。日向野先生からお声かけいただき，TA・CA との質問会議®セッション体験（６月２日），LDP 授業参観（６月10日・７月29日）と教員・TA・CA ミーティングにオンラインで参加した。オンライン化の恩恵にあずかり，遠隔地から授業聴講ができるだけでなく，その振り返りにも参加できたことで，チームによる授業設計の様子まで見聞きできたことは今までにないことだった。

TA がどのようにオンライン上で問題解決の学習プロセスに介入ができているのか，TA の身につけているコーチ能力とともに推し量るためには，実際の質問会議の様子を学生役となって体験するのがよいということになり，複数大

学の教員とともに体験セッションを組むこととなった。オンラインでの質問会議でも，コーチ役として TA が１名，問題提示者１名を含む４～６名がグループを編成する。ルールは，質問とそれへの返答だけで問題解決を図るもので，内容ではなくプロセスにコーチが介入する。この日 TA として参画したのは大学４年生３名であった。かつて体験した対面でのセッションと対比しても違和感なく，問題提示者（筆者を含む）がグループのフラットな関係性を構築することを支援し，コーチの権限としてグランドルール（参加者が質問に徹する，リーダーシップ目標を追加する等）の設定と介入に力を発揮している様子があった。このセッションの振り返りでは，質問に答えることでグループの関係性が向上することと，よいコミュニケーションを通じて問題提示者の内部で問題の再定義が促進されること，真の問題は何であったのかが突如として出現することに，互いの権限によらないリーダーシップが関与していることも確認された。Zoom の画面越しであっても，いやむしろ，互いの表情と音声に集中した状況のほうが，内省と経験学習サイクルに焦点を当てられるのではないかと感じたほどであった。個人的な余談だが，2017年と2020年の２回のセッションを通じて，その考え方は筆者自身の問題解決にもつながっている。よりネットワークを広げ協働するパートナーを見出していくことの重要性を発見したことと，結果，前職を辞して新しい大学で新しい教育学習センターを創設するという自身の決断を促すことになった。

６月，７月には TA・CA が参画するオンラインでの授業を実際に参観した。３つのクラスが同時刻に平行して行われる大規模な構成となっており，統括の日向野先生と副統括で授業開発に関わる CA 指導担当の髙橋先生を除く３教員に TA ３人が分かれて支援にあたっていた。加えて CA が編成され，教材と授業設計の平準化が意図されていた。講義中 TA は MC のように進行を担い，投票の実行や複雑なブレイクアウト・セッション（小グループへの分割）の割り当てを設定する。ポスターセッションでは学生全員を共同ホストに割り当て，ブレイクアウト・セッションの途中でも他のグループへ移動できる[(3)]ように設定し，適時・適切な指示を行うという役割も担う。４月からの２カ月の間，Zoom の機能を細部まで使いこなし，教員とのフラットな関係での協働体制を確立している様子，3クラスがほぼ同じペースを取って進行するように日向野先生の統括が自然な形でなされていた。これが2020年の6月であった，ということは強調しておきたい。多くの大学において，Zoom 等を用いた一方向的な講義がようやくできるようになった時期に，100名規模のオンライン PBL の実現が双方向的になされていること自体，教員と TA・CA における関係性の高さを反映したものであろう。

リーダーシップの最小3要素である，目標設定・共有，率先垂範，相互支援を学生が発揮するために，教員のみが教えるのではなくて，教員が TA・CA とともに対話的な授業をつくっていったことが，バーチャルな学びを実像を伴ったものにできた鍵だったのではないかと筆者はとらえている。それは，確かに学生にも伝わっている。いまだからこそ「自分たちのクラスは自分たちでつくる」というフレーズが繰り返され，意識的にも，この授業の私たちのクラスだけは良い場にしたいという非常時の緊急性が共有されていた。PBL はクライアント企業の課題解決を取り扱うことになっていて，そのテーマを自分ごとにできるかどうかという真正性が低下するかもしれないところを，TA を含むコミュニティの成長が強く相互支援にはたらき組織開発の側面を強くしていたという仮説も立てられる。

(2) 学び合う場づくりへ

対面授業で成り立っていたことが，オンラインでも損なわれずに実現された，その頑健性はどうして生まれたのだろうか。コロナ禍以前であれば，対面でないと，リーダーシップ開発で行われるような双方向で支援的なアクティブラーニング型授業を行うということは難しいと考えただろう。なぜ TA がオンラインで上手く支援ができたのか，そして，教員がオンラインのなかで学生の学びを見ることができたのかということを考えたとき，アクティブラーニングの本質と関係してくるのではないかと想像している。筆者の定義では，「アクティブラーニングとは教師が何を伝えたか，から，学生が何を身につけたか，への学習の価値転換を図る運動である」としている（杉森，2016）。この価値転換＝パラダイムシフトは，学びの主体（オーナーシップ）と学習コミュニティや社会との関係性にも依存している。オンライン授業で，教師が何を伝えたかを重視した場合には，単にオンラインの画面の向こう側でただ自分と関係のない人や知が並んでいるようにしか見えないだろう。自分と異なる世界の話を自分ごととして学ぶというようには決してならない。一方で，アクティブラーニングのめざす価値には，学生が個人で学ぶという競争の状態から，ペアやグループで対話的，協同的に学ぶということを通して，コミュニティや社会に学生が生きていく状態にしていく構造がある。

生涯をかけて社会に主体的に参画し，社会を形成していく個人のことをアクティブラーナーといってもよいと思うが，リーダーシップ開発のオンライン化された授業は，60人の学生が TA や教員とともに全員がアクティブラーナーとして一緒に場をつくってできたものであった。教員と学生の信頼関係だけでは乗り越えることが難しくても，その中に，昨年までリーダーシップ開発を受講してきた TA たちが，学生のよき先輩，身近なお兄さん，お姉さん的な役割を担って学修とコミュニティ形成の仲立ちとなることによって，アクティブラーニングの状態がより一層深まっていたのではないだろうか。

5 新しい学びをつくる原理

遠隔授業の緊急的な対応によって生まれた工夫，デジタルツールを活用した教育技法（デジタル・ペタゴジー）をどのように新しい学びにつなげていったらよいのだろうか。デジタル時代の学修環境を整えるためには，デジタルツールに習熟することに加えて，オンラインでのコミュニティ形成を支える SA の育成を行うことも重要な要素である。早稲田大学 LDP の完全オンライン化は，この要素を満たした，新しい学びを体現するものであっただろう。

TA のような授業で学修支援を行う学生スタッフのことを学生アドバイザー（LA）と定義して，国内外の SA 事例を収集したなかで抽出した５つの原則を提案した（**図表 4-10**：杉森，2020）。SA は自律的学修の支援者であるだけでなく，教員・学生とともに学び，学修環境を構成するパートナーとなり，学生・教員との相互支援と相互変容にリーダーシップを発揮する。学びの入れ子構造，結び目には SA の学びが位置づいている。筆者の手元にあるメモには，授業

図表4-10　学生アドバイザー（LA）憲章：「学生の学びを促す学生による学修支援の５つの原則」

原則１　LAは，学生の自律的学修を促すピアの学修支援学生である
原則２　LAは，大学の組織的な制度として位置づけられ，その役割に責任と自覚を負う
原則３　LAは，自己の培ってきた学修経験を活かすとともに，学修支援を通じて教員・学生とともに学ぶことができる
原則４　LAと授業担当教員は，共に授業と学修環境を構成するパートナーであり，教員は学生の能動性を引き出す授業デザインを行う
原則５　LAは，学生相互の学びあいを促し，学生と学修内容をつなぐ媒介（触媒）となり，LA・学生・教員の相互支援と相互変容を促す

参観の後日，インタビューに応じてくれた３名のSA学生の声が残っている。

「オンサイトでもオンラインでも同じものをめざしていきたい」。

学修の成果を最大化する，新しい時代の学びの担い手は，これからも学生自身だ。大学教員に求められていることは，その若き担い手に，舞台装置としての教室と授業の場づくりを整え，そっとバトンを渡していくことに他ならないと感じている。

（杉森公一）

注

(1)　十分に準備された遠隔授業やオンライン授業（Remote Instruction）と区別して，緊急遠隔授業では，あくまで当面の対面授業の代替措置として位置づけられた。

(2)　文部科学省は，ファカルティ・ディベロップメントを「教員が授業内容・方法を改善し向上させるための組織的な取組の総称。その意味するところは極めて広範にわたるが，具体的な例としては，教員相互の授業参観の実施，授業方法についての研究会の開催，新任教員のための研修会の開催等を挙げることができる」とし，大学設置基準で義務づけている。

(3)　参加者がブレイクアウト・セッションの間，自由にグループ間を移動できる機能の追加は2020年９月21日（タブレット端末は９月28日）のアップデートからであり，操作方法に習熟したTA・SAが技巧を駆使して初めて実現できたと推察される。

参考文献

淺田義和（2020）「遠隔教育のABC 第一回「遠隔教育」の区分とツールの選択」医学界新聞，2020年６月８日。

井上博樹（2014）「反転授業実践マニュアル」海文堂。

佐藤浩章（2020）「ポスト・コロナ時代の大学教員とFD――コロナが加速させたそ

の変容（特集＝コロナ時代の大学）」現代思想，48(14)，75-84。
杉森公一（2016）「大学教師と学生を繋ぎ，結ぶアクティブ・ラーニング――大学での実践事例から」化学と教育，64(7)，328-331。
杉森公一（2020）「遠隔授業がつなぐ大学の学びのリ・デザイン――デジタル・ペダゴジーへ」第23回関西大学 FD フォーラム配布資料。
杉森公一（2021）「LA 運営者向けアンケートの調査設計・報告と LA 憲章の提案」大学教育学会誌，43(1)，95-97。
Dalby, F. (2020), *5 Ways to Connect with Online Students*, The Chronicle of Higher Education, 2020年 6 月26日.
フィンク，L. ディー（土持ゲーリー法一訳）（2011）『学習経験をつくる大学授業法』玉川大学出版部。
ホーン，M. B・ステイカー，H.（小松健司訳）（2017）『ブレンディッド・ラーニングの衝撃』教育開発研究所。
毎日新聞（2020）「大学，遠隔授業のみ 6 割」朝刊 3 面，2020年 6 月 7 日。
文部科学省（2020）「令和 2 年度における大学等の授業の開始等について（通知）」，2020年 3 月24日。
山口洋典（2021）「身体性を重視して異文化対応に身構えを」対人援助学マガジン，44(11-4)。
Aoun, J. E. (2017), *Robot-Proof: Higher Education in the Age of Artificial Intelligence*, MIT Press（杉森公一・西山宣昭・中野正俊・河内真美・井上咲希・渡辺達雄共訳（2020）『ROBOT-PROOF：AI時代の大学教育』森北出版).
Maloney, E. J. & Kim, J. (2020), *15 Fall Scenarios: Higher Education in a time of social distancing*, Inside Higher Ed, 2020年 4 月22日。（根岸千悠・田尾俊輔訳，佐藤浩章・杉森公一監訳（2020）「秋学期以降の 15 のシナリオ」大阪大学，2020年 7 月。
Maloney, E. J. & Kim, J. (2020), The Low-Density University: 15 Scenarios for Higher Education, Johns Hopkins University Press.

第Ⅱ部

先行先進事例

第5章　ハブとしての役割：早稲田大学

この章では，筆者（日向野）にとっては立教の次のフィールドにあたる早稲田大学について述べよう。この章の共同執筆者である高橋俊之さんがチームに加わった経緯としては，立教経営 BLP が2008年度に教育 GP を獲得したときに翌年度からの大きな改革を構想し，論理思考の部分をお任せできる人を探していて，高橋俊之さんを紹介してもらって2009年度から非常勤で入っていただき，さらに，2012年からは特任准教授としていっそう密接に仕事していただくことになったのである。また，日向野が2016年に早稲田に移籍したのち，高橋さんにも早稲田で2019年から非常勤，2020年からは常勤の講師で再びご一緒できることになった。その意味では私のリーダーシップ開発歴では最も古くからの同僚である。早稲田での2017年までの動きは日向野（2018a）でも書いたが，ここでは立教からの移籍前後を含めて前稿には書ききれなかったことを含めて記し，さらに2018年以降のこともカバーする。本章前半で2018年度いっぱいまでを日向野が，後半で2019年度以降を高橋さんが担当する。

1　WASEDA VISION 150 とリーダーシップ教育の全国展開の構想

2014年前後，立教 BLP/GLP には教育関係・人材育成関係の方々が毎週大勢参観にいらしていた。これは2011年に文科省・日本学術振興会の教育 GP 成果審査で「他に波及の見込まれるイノベーティブな取り組み」という画期的な評価をいただき，教育再生実行会議でも唯一固有大学名入りで紹介されるなど異例の扱いを受け始めたため，そのように授業を原則として毎回公開することが最善であろうと考えたからであった。その結果として教え方を少々真似されたとしても，それはかえってリーダーシップ教育の普及に貢献することになるし，しかもわれわれの真の強みは教育技法よりむしろ，教員や SA たち，場合によっては受講生たちの提案によって絶えず授業改善を繰り返していくことが可能な体制にこそあったので，真似されるくらいのほうが励みになると同僚教員たちと話していた。参観に訪れた人々のなかに大学関係者は大勢いて，そのなかに早稲田大学関係者が含まれていた。あとから知ったのだが，早稲田では2032年の創立150年に向けて2012年から「10年間に10万人のリーダーを育成する」と WASEDA VISION 150 で構想していた。構想はしたものの正課でリーダーシップを涵養する部分がまだ充分でないという自覚があり，立教で始まったリーダーシップ教育を早稲田式にカスタマイズして実行できないかと日向野に相談があったのである。ちょうど同じ頃，首都圏の別の私立大学からも，基礎演習でリーダーシップ教育を始めたいが助言をもらえないかという相談があって，どうやら立教 BLP/GLP の評判はアクティブラーニングだけではなく，学習成果目標の「権限によらないリーダーシップ」にも及んでいるという手応えを得た。これは画期的なことで，2011年溝上慎一教授（当時京都大学）の全国調査でいわば発掘していただいて以来，しばらくはアクティブラーニング関係の講演会やワークショップに呼ばれることは増えたが，リーダーシップについては2013年頃になるまで少なかったのである。ちょうど伊賀泰代さんの著書『採用基準』が大きな話題になった頃で，あの本の内容は採用基準というよりマッキンゼー社内で当たり前とされていたリーダーシップの解説であったが，BLP/GLP のめざすリーダーシップとまったく違和感はなかったので，ビジネスでのニーズとも合っているようだという感触を得て将来を確信したところだった。

そのようなタイミングで別々に二つの大学から導入の相談を受けたので，これからは立教を拠点にして全国の大学でのリーダーシップ教育普及活動を始めようと考え，BLP/GLP の教員たちとも構想を練り始めた。立教で始めたばかりの2006年ごろには予想もしなかった展開であった。学生たちがリーダーシップ教育の結果大きく変貌していくのを毎年見ていると，これを立教にだけとどめておくのはもったいないという思いを否定できなくなったし，同僚たちも全国普及運動におおいに乗り気になっていた。

早稲田大学からは，当初夏休み集中講義で担当してくれないかという打診であったが，相談を重ねているうちに専任教員として移籍しないかという話になってしまった。これにはさすがに驚いた。それまでは立教を拠点にして全国展開を想定していたからである。正直のところ立教で BLP を2006年からスタートして安定してきたところだったので，新しい場所でまたゼロから始めることに惹かれてしまった。また，さらに正直に言うと，定年の違いで早稲田に移ると５年分だけ長く時間をとれるというのも大きかった。移ったらすぐ始められてその発展のためにたっぷり時間を使えるというのは大きな魅力であった。

とはいえ私が立教を辞めることでそれまで立教で築き上げてきたものが崩れてしまっては申し訳ないばかりか，そんなことになれば BLP 初代主査として恥であると考えた。そこで私にできる最大のこととして，強力な後任を紹介することに注力した。辞める者が後任を指名するとはなにごとかという声は必ず出てくるものと予想できたので，教授会で正式に私が提案するのではなく，他の教授会メンバー数人に後任候補者の１人として私的に紹介したのである。結局その候補者が翌年無事教授会で後任に内定したと聞いて，私は安心して早稲田でのスタートに専念できることになった。

2　校風の違い

専任教員として着任する前後に，早稲田出身の職員さんたちやビジネス界の人びとから，最近の卒業生の評判について何度かヒアリングした。それによると，かつては早稲田の卒業生たちは「逆境や孤立に強いタフな人材」で，紛争地帯などに派遣されてもへこたれないという定評があったという。ところが最近は，進んで孤立するというのか，論破や否定から人間関係を始めるので孤立せざるを得ないことが少なくないという。

他方，在学生の様子は2015年の秋に PBL 形式のトライアル授業を担当したときからわれわれ教員にも少しずつ分かってきていて，最初に目についたのは，TA との関係がうまくいかないことである。15-16年は早稲田生の LDP 修了生がいないので立教生の TA（立教では SA と呼ぶ）経験者にアルバイトで TA になってもらっていたが，「なんでも相談してくださいね」と呼びかけても一切相談はない。他大生でもある TA に頼りたくないのかなと推測したが，その傾向は17年になって16年度の受講生である，いわば生え抜きの早稲田大生がTA になってもまったく変わらなかった。これはどうやら TA に相談すること自体を好んでいないようにも思えてきたので，何人かにヒアリングしてみると，「TA に頼るということは，負けを認めることだと思う」という大変率直な，しかし立教で TA と受講生の間のもっと自然な関係性に慣れていた私にとっては衝撃的な証言を得た。あまりに衝撃的だったのでさらに詳しく話を聞いてみると，何事も他人に頼らず自分でできる，自立した人間になるのがよい，従って助けを求めるのは自立ができないという敗北宣言だというのである。

「ひとさまに迷惑をかけずに生きるのがよい生き方である」というのは，日本でも古くからある一つの立派な考え方であるが，もしもこれからの VUCA[1]の世界でどのみち「迷惑」はかけざるを得ないものであるなら，手遅れにならないうちに支援要請をするほうがかえっていいということには思い至らないのであろう。まして，自分が自立していることを証明しようとして他者を論破し否定することから人間関係に入るというのでは関係性構築が成功しないのは目に見えている。リーダーシップ最小3要素で言えば「相互支援」がまったく欠落しているのである。実は，「相互支援」は2015年の論文では「同僚支援」と呼んでいたのだが，支援要請が嫌いな早稲田生は，同僚支援のことを，「自立している俺が，自立していないお前たちを支援してやる」という一方向にしかとらえず，自分が周囲に支援を要請することも含むとは夢にも思っていなかったという事例もいくつか目にしたので，その点を明示するために「相互支援」と改称したのである（第1章参照）。

3　より大きな改変の必要性

第3章でも簡単に紹介したように，質問会議®は立教では最初は経営学部で，のちに全学 GLP で実施していた。どちらも最初の PBL の科目の直後あるいは翌年度にゼミ・BLP・GLP あるいは正課外でも行っていて，その目的はチーム・ビルディングや相互支援の習慣の醸成，TA の基礎トレーニング等であった。早稲田でも，2016-18年度の3年間は，LD1という PBL の科目でリーダーシップの成功や失敗の経験を積んでもらってから，次の LD2で質問会議に取り組むと，沁みるように支援・フィードバック・質問の重要性が分かるだろうという意図の設計だった。しかしこのカリキュラムでは，1学期（クオータ）が過ぎてから初めて苦手克服のフェーズに入ることになったので，受講生は自分が苦手なことが実は必要とされていたと後から知ることになり，PBL の間は多くの受講生はストレスを抱えていたと思われる。例えば，互いに論破して優位に立つ機会を狙っているような関係性のチームと，相互支援が当たり前にできる関係性のチームでは，後者のほうがよい成果が出ることが多いので，偶然に相互支援の場をつくるのが得意なメンバーがいるかいないかで成果が左右されてしまうのである。2018年の秋はそのようなストレスが頂点に達して授業への不満として表明するものも出て TA も教員も心労が絶えなかった。

そこで2018年度の秋から冬にかけて科目の大幅な改変を計画し，1）まず PBL，次にスキル科目，という立教以来13年間続けてきた方式を見直して，まず「理論とスキル」という科目を置き，本格的な PBL の準備ができてから PBL に臨むこと，2）TA は授業の進行や受講生の状態のモニタリングを主な仕事とし，共通スライドの準備は「授業設計実習」という別の授業のコンテンツとして行うという切り分けを行うこと，という二大方針を決めて新学期を迎えることにした。そうなると高橋さんには，科目内容改変の最初から関わっていただくほうがいいと判断して打診したところ快諾していただいたという経緯であった。

（日向野幹也）

4　早稲田大生の特性に合わせたプログラムの改編

2019年を目前にして，日向野さんから「早稲田 LDP のプログラムを改変したいので基礎部分のカリキュラム設計と運営をしてくれないか」という打診があった。これは筆者にとって，とても興味深い打診であった。18年当時の早稲田 LDP のプログラム構成は，基本的に立教経営 BLP のものと似ていた。これは立教経営 BLP が元々，日向野さんが在籍時に立ち上げられたものであることによる。筆者はそれまで立教経営 BLP において思考系科目のコースリーダーとしてカリキュラム開発とコース運営に7年携わっていた。この日向野さんからのお話により，BLP で培ってきたことを活かしながら，ほぼゼロから新しいカリキュラム設計を行えることに魅力を感じた。

また，早稲田大生という，社会に大きなインパクトを与えうる学生たち向けのリーダーシップ開発の機会にも大きな可能性を感じていた。早稲田大生には公式の権限に裏付けられたリーダーをめざす者も多いと考えられる。そのような人たちが全員発揮のリーダーシップを理解し，推進するようになれば，社会全体にとってのプラスは大きい。これらのことからプロジェクトを引き受けさせていただいた。

プログラム改変の最大の目的は，早稲田大生の特性に合わせることである。先に結果を述べてしまえば，改変に着手して１年半経つ今，非常に手応えを感じている。権限によらない全員発揮のリーダーシップの開発という同じゴールに向かう教育であっても，学生の特性によって最善の方法は変わってくるということであろう。本稿では，学生の特性に応じてどのようにプログラムをデザインしたのかを示す。また，２年目である2020年度には新型コロナウイルス対策のため，オンラインによる授業の開発と運営を迫られた。新型コロナウイルスは社会に大きなダメージを与え，学生たちの大学生活も平常時には得られる大事なものが得られないという厳しいものとなった。しかしリーダーシップ教育という側面で見れば，普段では得がたい学びを学生はもちろんわれわれ運営側にももたらした。本稿ではこのことについても触れたい。

(1)　成功の方程式を変える

まず，今回の改変の最大の特徴は，順序を変えたことであった。立教経営 BLP でもそれまでの早稲田 LDP でも，最初に受講するのはプロジェクト型の授業（PBL）で，続いてスキルを修得する授業である。これを，プロジェクトを後回しにして，リーダーシップの理論やスキルを学ぶ授業を最初に持ってくる，というのが日向野さんの案であった。

もちろんそれまで PBL を先に行っていたのには理由があった。リーダーシップは経験があってこそ学習内容を真に理解できるものである。とりわけ権限によらない全員発揮のリーダーシップは，まだ経験したことのない学生が多い。また学生の場合は，部活や行事でチーム活動を経験していても，言葉やロジックを使ってリーダーシップを発揮する度合いは仕事の世界に比べると小さい。そこで PBL において状況分析から企画立案，そして提案，またそのなかでの役割分担や合意形成などを一通り経験すると，「あの局面でこのスキルが使えるのか！」とイメージがしやすくなる。社会人の仕事のなかでの経験とは異なる面も色々あるが経験ゼロとの差は大きい。

なお，PBL を先に行うことには，大学生活をアクティブにスタートさせる意味もあった。立教経営では1年生全員が最初に PBL に取り組む。早稲田でも1年生の前期にこの科目を受講する学生は多い。大学での学習の最初に，正解が用意されていないテーマに試行錯誤しながら力を合わせて取り組み，実際に企業に提案することは，「大学ではこのように主体的に学ぶのだ」と学生たちに思わせる効果がある。とりわけ入学にあたって人との出会いや世の中に触れることを楽しみにしていた学生には非常に楽しい体験になるので，主体的な学びに好印象を持つ効果が期待できる。立教経営ではその効果が学部全体に感じられていた。

しかし日向野さんによれば，この方式に戸惑いを感じる早稲田大生が少なからず見られたという。全員発揮のリーダーシップという，それが本当によいのか自分自身まだ納得しきれていないものを，やり方もよく分からないまま試行錯誤することに居心地の悪さを感じたり，効率が悪いとフラストレーションを感じたりしているということであった。

また早稲田大生は個として努力する姿勢と，人よりも優れた結果を出そうという意欲が非常に高く，個として競争した場合にはそれが強くプラスに作用する。しかし，これらの特性が，チームでプロジェクトを行う際にはマイナスに作用することも多く見られた。一人で抱え込んでしまう，チームメンバーよりも自分が優れていることを示すことに向かってしまう等によりチームとして機能できないケースが見られた。まずは体験することを優先してプロジェクトに取り組んでいるため，そのような事態を予防・解決する方法をまだ彼らは知らない。解決のサポートのために教員や TA が介入もするのだが，学生が早い段階で「協力しない相手が悪い」と見切り，一緒になったメンバーも含めて，全員発揮のリーダーシップについてネガティブなイメージを持ったまま終わってしまうこともあった。

一方，早稲田大生には，納得すれば非常に熱心かつ忍耐強く取り組むという傾向も見られていた。また，知的好奇心が強く知的な馬力も大きいので，多少難解なレクチャーや難度の高いトレーニングにも尻込みしない。むしろ「これはちょっと難しいのだが，君らならできるかもしれない」というと目を輝かせて取り組む傾向がある。そこで，まず理屈を理解し必要なスキルをある程度身につけた後で PBL に取り組むように順序を変えることが日向野さんから提案されるに至ったわけである。

(2) 早稲田大生の得意を鍛え，苦手を補う

そのような経緯から PBL の前に持ってくることになった科目が「理論とスキル」である。「理論とスキル」は，四つの要素で構成される。リーダーシップの理論，論理思考，コーチング，そして自己・他者理解である。これは早稲田大生の得意を鍛え，苦手を補う狙いを持っている。

まず前述のように早稲田大生は知的好奇心が旺盛であるとともに，理論として学んだことを咀嚼して活用したり，その意義を掘り下げたりする力が高い。例えば授業直後に学生が授業用の SNS（Slack）に書き込む振り返りの文章量は，最少文字数の条件がないにもかかわらず，驚くほど多い。またその内容は単に授業で説明されたことからの抜粋ではなく，自分なりに考えを発展させたものであることが多い。理論を学ぶことはこのような彼らの強みを活かしてまさに「巨人の肩に乗る」ことにつながると予想された。

論理思考も早稲田大生の強みを活かすことを狙っている。早稲田大生は総じて，構造的に物事をとらえることや，論理を組み立てることを苦にしない。従って「理論とスキル」で学ぶ論理思考はその部分ではなく，彼らの素養をベースに，共感で人を巻き込むロジックや，革新的なアイディアを出すための思考を学ぶ。特に共感で人を巻き込むロジックはほとんどの早稲田大生にとって未知の領域である。

コーチングは，コーチになるためのコーチングを学ぶのではなく，コーチン

グの考え方と技術をリーダーシップのためのコミュニケーション手法として学ぶ。これには早稲田大生が比較的苦手とする部分を補う狙いがある。早稲田大生は前述のように，知力，思考力等，個としての能力が高い。一方，チームに入った時には，一人で抱え込む，論破してしまう，話してばかりで人の話を聞かないなどの残念な傾向が，特に個として際だって優秀な学生に見られる（もちろんそうでない学生もいる)。そこで早稲田大生が人を活かし自分も活かすためのトレーニングとして，人を尊重し活かすコーチングの基本姿勢と，傾聴・質問の技術を学ぶことが有効ではないかと考えた。

最後の自己・他者理解には，一つに自己の特性を理解して自分のリーダーシップ・スタイルを築き上げていく狙いがある。そしてもう一つ，自分とおおいに違いうる他者について理解することで相手に応じて適切なリーダーシップ行動を取れるようになっていく狙いがある。

⑶　以前の方式のメリットまで得るために組み込んだデリバリー面の工夫

こうして，コンテンツとしてはリーダーシップの理論・論理思考・コーチング・自己&他者理解を組み合わせれば，早稲田大生にとってかなり有用な「リーダーシップの理論とスキルの授業」ができあがると予想された。しかし，ただこの授業を先に持ってくることは，プロジェクト型のクラスを先に行っていた時に得ていた「まず経験することで実感を伴う学びをつくり出せる」「学びへの意欲を高めるとともに主体的な学習姿勢を最初につくりだすことができる」といったメリットを失うことにつながりかねない。そこで，このメリット喪失を防ぐとともに学習効果を高めるため次の4つを意識したデリバリ面での工夫を組み込んだ。

- 学習意欲を保つ（汎用的に学習スイッチを入れる）
- 早稲田大生の学習スイッチを入れる
- 学びを活用できるものにする
- 生涯学習者育成をゴールとする（vs. 知識の全インプット）

まず早稲田大生は一般的な大学生に比べるとレクチャーに対する学習意欲は高いと思われる。しかし彼らであっても一方的なレクチャーが20分も続けば集中力は落ちる。そこでレクチャー中に対話や思考が起きるような工夫を組み込んだ。クイズや投票を差し挟むことはその代表例である。例えば外発的動機付けについてのレクチャーのなかに「報酬が罰になってしまうこともある。どういうことだろう？」とクイズを差し挟む。オンライン授業の副産物として可能になった Zoom でのチャットや投票機能はこのために有用であった。

また内容と同等に「なぜそれを学ぶのか」を理解してもらうことに力を入れた。例えばリーダーシップの理論を紹介するにあたっては，その知識がリーダーシップの発揮にどう役立つのかを伝えたり考えさせたりした。またコンテンツ自体に，他の学習事項を学ぶ理由に気付く役割を持たせている部分もある。例えば性格タイプ論エニアグラムを扱う狙いには，自己理解を深めることもあるが，それと同等に大きいのが「人がこれほどに違う」ことに気付いてもらうことである。エニアグラムに沿って９つの性格タイプに分かれたクラスメートが自分とはまったく違う価値観やコミュニケーションスタイルを持っていることに，衝撃に近い気付きを得る受講生も少なくない。このことで，自分とはいろいろと違う他者と共同してリーダーシップを発揮するためには知識と訓練が必要であることへの納得が深まり，意欲が高まると考えている。

さて，ここまでは早稲田大生でなくとも当てはまるであろう学習意欲を保つ方法であるが，とりわけ早稲田大生を意識したものも取り入れる必要があった。例えばコーチングの考え方や技術が人を活かすことに有効であっても，それまで人を論破し，自分の力だけでやれるようにがんばって来た人たちがそう簡単に変われるのだろうか？という疑問があろう。確かに人が変わるのは簡単ではない。しかし早稲田大生の特性を活かすことで，それをより円滑にできると考えている。

具体的には，早稲田大生の競争に対する意欲である。早稲田大生は競争において，困難に直面しても乗り越え，ゴールに向かって走り続けるバイタリティを持っている。これまではそれを個人戦に向けてきたのだろう。そこで授業では「社会に出てから大きな仕事をするためには，人を巻き込んだり，人を活かしたりする競争で勝てる必要がある」と話す。つまり参加種目や競争のルールが変わる，と伝えるわけである。このような「ルール変更」を理解しているのとそうでないのとでは，大きな違いが出る。例えばコーチングのスキルの一つ「傾聴」のトレーニングを行うと，自分が話したい，自分が知りたいことを質問したい早稲田大生は非常に苦戦しがちである。ここで「ルール変更」を理解していないと，この演習は不合理かつ不必要なトレーニングだと断定されてしまう。しかしルールの変更を理解していると，同じしんどい状態がルール変更に適応するために不可欠なトレーニングと理解され，自分がこれまでいかに人の話を聞いていなかったか，相手を知ろうとしていなかったかに気付き，しかもそれをポジティブに受け止める。そして彼らの多くは粘り強く自己変革の努力を続けることができる。

なおこの「競争のルール」の考え方は，PBL に入ってからのクライアントとの関係においても有効であった。早稲田大生には，クライアントが授業に参加していても特に意見を求めることなく自分たちで議論を進めてしまうこともよく見られる。人を頼ることを潔しとしない，自分たちでなんとかしよう，という気持ちが働いているようである。そこで「クライアントも巻き込んで，自分たちが持っていないものをもらってこそ真のリーダーシップと言える。また，この PBL はそういう競争でもある」と伝えることで，彼らの考え方の切り替えを図った。

知識やスキルを扱うに当たって「意欲を保つ」ことと並んで工夫に取り組んだのが，学びを活用できるものにすることである。知識として得たものは，その時にどれだけ「なるほど！」と思ったとしても，実際に活用できるのとは違う。そうなるためには咀嚼や自分なりの体系化，そして継続的な練習が必要になる。そこでまず，あえて理論や技術を教える前に「自分で考えて（やって）みる」ように構成を組んだ。例えば初回の授業では，まず「自分なりのリーダーシップの理解とそのなかで今，学びたいこと」をグループでディスカッションしてもらったうえで，全員発揮のリーダーシップについてレクチャーをする。また前述のエニアグラムを扱う第2回の授業でも，同タイプのメンバーをグループにして自分たちの共通点を探ってもらった後で，エニアグラムの各タイプの特徴とされている内容を紹介する。第3回のリーダーシップの理論についてのレクチャー前には事前課題として，自分のリーダーシップ持論をまとめてきてもらう。部活や委員会など過去のリーダーシップ体験を振り返ったうえで自分のリーダーシップ・スタイルやそれを成功させるための考え方の仮説を立ててもらうわけである。同じく第3回に行う質問（コーチング）の演習でもあえて先にコツを教えず，とにかくいったんやってみてもらい，そこから仮説を引き出して共有してもらったうえで，技術を紹介する。

ここに共通するのは，自分なりの仮説を立ててもらったうえで，それを再構成・強化するためのものとして理論や技術を紹介するという流れである。時には「成功の方程式」の仮説は出ず「ここで詰まってしまう！どうしたらよいのか」という疑問だけしか出ていない時もある。しかし，そこで紹介される理論や技術は，その疑問に対する答えやヒントなので，最初から提示された時よりも「自分のもの」になる確率が高い。なお，この手法は「実践は後で」という前述の話と矛盾しており，早稲田大生が抵抗を感じてしまうように見えるかもしれない。しかし，ワークの前に「なぜこのワークをこのタイミングでやるのか」が明確に説明され，そのワークからの学びを1回の授業内で回収するレクチャーがなされれば問題ないと考えた。実際，学生たちには，退屈せず興味深く学べ，身にもつくということで好評である。

学びを活用できるようにするため取っている方策としてはもう一つ，学んだことをできるだけ多く使って定着させることがある。例えば傾聴・質問を学んだ後の第4回はメインの学習事項が論理思考であるが，その演習のディスカッションにおいては傾聴・質問も意識するように学生たちに求める。そしてさらに後の回でもリマインドを続ける。ただしこれは，一度にいろいろなことを求められても混乱せずにやれてしまうという早稲田大生の特殊性ゆえにできることかもしれない。いずれにせよ繰り返し練習して欲しいことやクラスの学習環境整備につながることは「理論とスキル」の最初の方に配置している。例えば傾聴・質問は，「理論とスキル」全体の第2回と第3回に導入され，以後中断することなく継続される。

さて，ここまでのところで読者の中には一つの疑問が浮かんでいるかもしれない。それは，インタラクティブ・レクチャー，学習目的の浸透，グループワークの活用等をこれだけやっていては，リーダーシップの理論などの学習事項を扱いきれないのではないか，というものである。確かにレクチャーで全ての知識を伝えようとした場合に比べて，扱える量は減る。しかし，これについては「知って欲しい知識を全てこちらが教える」という発想を捨てることにした。狙いを知識の伝授ではなく，生涯学習者の育成に置いているということである。

人は，興味を持っていて学び方を知っていれば，自ら学んで行くことができる。そこで，「理論とスキル」で扱う内容は，次に来る「問題解決プロジェクト」への準備として足りることと，その先を自分で学んでみたいと興味を持たせるものであることを要件と考え，そこに限定した。

(4)「問題解決プロジェクト」における変化

ここからは，「理論とスキル」を前に持ってきたことで，後ろに回した「問題解決プロジェクト」（PBL）に現れた変化について述べたい。まず，最も興味深いと感じた変化は，「リーダーシップ開発が目的であってプロジェクト取り組みもコンテスト形式もその手段である」ことが学生の中により浸透したことであった。毎回の授業でのチーム状況の振り返りにあたって，よく出来ている点や課題が思っていた以上に真剣に話し合われていた。本来大事なところであるが，形骸化したり，時間が惜しいと飛ばしてプロジェクトを早く先に進めようとしてしまうことも珍しくない。「リーダーシップ開発への意識」は2020年度にはさらに強く見られた。例えば20年度夏学期の予選の後，敗退チームにも提案の改良を求めた。これはコロナ禍によって授業期間が短縮されたなかでもプロジェクトをしっかり経験してもらうための苦肉の策であったのだが，学生たちは「もう敗退は決まっているから意味がない」と手を抜くようなことはなかった。またリーダーシップについての振り返りもグループでの話し合いから非常に真剣に行われ，各人から授業用 SNS に上げられた文章内容も充実していた。これは PBL に非常に熱心に取り組んでも終了後は打ち上げモードに流れてしまい振り返りがおろそかになることを少なからず見て来た筆者にとって，うれしい驚きだった。

　また「理論とスキル」によってある程度「分かっている」状態をつくったうえで PBL に取り組んだことがいろいろな効果をもたらしていた。例えばメンバーを活かすために傾聴や質問が大事なことを分かっていたことで，このことがよく意識されていたり，忘れられていた時も指摘されればすぐ思い出していた。また人の考え方や価値観が多様なことも理解されていたためか，多様性が原因でスムーズに進めない状況が起きても修復不能な事態にはならなかった。そして「理論とスキル」から「問題解決プロジェクト」へは同じクラスで進んだことで，直接的にそれほど関わっていなかった人とチームを組んでいても，方向性を共有しているという安心感が漂っていた。このような環境は，リーダーシップについてまずは前向きな姿勢を定着させるために，初学者が集まるプロジェクト型授業においては重要な「踏み台」と言えるかもしれない。

　さて，ここまで述べてきたような効果は「理論とスキル」を前に持ってきたことによって現れたのか，というと答えは Yes であり No だと考えている。まず Yes というのは，「理論とスキル」で前もってやっていたことが活かされたという趣旨である。一方 No であるというのは，それだけでなく「問題解決プロジェクト」の授業のなかでも改めて，「理論とスキル」でやってきた内容をリマインドし続けたからである。これは2019年度の授業を振り返った際の，「問題解決プロジェクト」において，「理論とスキル」で学んだことがまだ十分強調されていない，という反省に基づいていた。そこで2020年度は，「問題解決プロジェクト」のなかでは新しいことはあえてほとんど教えず，「理論とスキル」でやってきたことを繰り返し強調した。これは「ここは試験に出るから」と強調した公式を試験でそのまま使えば点数を取れるのとは似て非なるものである。全員発揮のリーダーシップにしても論理思考にしても傾聴・質問にしても，新たなことを覚えるというより，思考やコミュニケーション，またその他の行動の際のやり方を変えるものである。変えるためには習慣として定着するまで何度も行うことが必要になる。また，より実戦に近い状況で行うほどその後も活用される可能性が高まる。それを「問題解決プロジェクト」の間に行い続けるための補助としてリマインドし続けたということである。

写真５－１　対面授業風景

写真５－２　オンライン授業

5　2020年コロナ禍のなかのリーダーシップ開発

(1)　オンライン授業未経験からの挑戦

2020年度は年初からの新型コロナウイルス流行が LDP にも大きな影響を及ぼすこととなった。授業の性格上，対面（**写真５－１**）がベストだとそれまで考えていたものをオンラインで行うことになったのである（**写真５－２**）。しかし結果としてこれは，リーダーシップ開発のプログラムとして一段上のレベルをめざすきっかけとなった。

コロナ禍に当たって早稲田大学は「学びを止めない」として３月19日にはオ

ンライン授業の準備を決定，3月28日には全面オンラインで授業を行う方針を発表，大学側，学生側双方の準備のため，授業開始そのものは約1カ月遅らせることとなった。その時点でオンラインでの授業について，LDP には経験の蓄積はほとんどなかった。非常勤の教員が参加しやすくするため教員ミーティングは Zoom で行われることもあった。しかし，授業については受講生が座っていられず立ち上がって熱心に議論をするようなこともしばしば起きること，時に相手の感情も読み取りながら進めて行く必要があることなどから，オンラインの実施は考えにくく，最も対面が適した授業であると考えられていた。

しかし，2020年度春学期がオンライン授業になると決まった時，講師や TA など運営チームのなかに特にネガティブな雰囲気はなかった。その最大の理由は，自画自賛になるが，われわれのなかでリーダーシップ行動最小三要素の一つ「目標設定・共有」が行えていたからではないか，と考えている。

状況は「オンラインをやるかどうか」(Yes/No) を考える段階ではなく，「なんとかやりとげる方法」(How) を考える段階にあった。新型コロナウイルスが社会に大きなダメージを与えている状況でわれわれにできることは「学びを止めない」ことである。また，この状況はリーダーシップの必要性やあり方を肌で感じられる可能性を持っていた。リーダーシップは危機においてこそ必要になるからである。われわれがもし，運営チームの総力を集めて対面に劣らない授業を展開できれば，「なかなかイメージしにくい」とも言われる全員発揮のリーダーシップの有効性を受講生たちに直接見せる機会とも言える。

そのような目標共有がなされていた結果，Zoom 初心者だった教員も短期間に学んで投票などの機能も活用できるようにすぐ習熟していった。TA は教材の意図をこちらが驚くほど入念に読み込み，深夜ラジオの DJ のように明るくしかし落ち着いた語り口でクラスに語りかけ，教員と掛け合いをしながら授業を進行する絶妙の MC 役を果たしてみせた。カリキュラム開発担当の CA は本来の仕事である実施現場でのクオリティチェックとともに，クラス運営の裏方として活躍した。受講生も協力的で，誰かが通信状態の不良により離脱してしまった時はお互いにサポートしあっていたし，むしろ平常時以上に自ら動いてくれていた。**図表5-1**は，春〜夏学期にずっと使われた表紙スライドであ

図表5-1 「リーダーシップ開発」表紙スライド

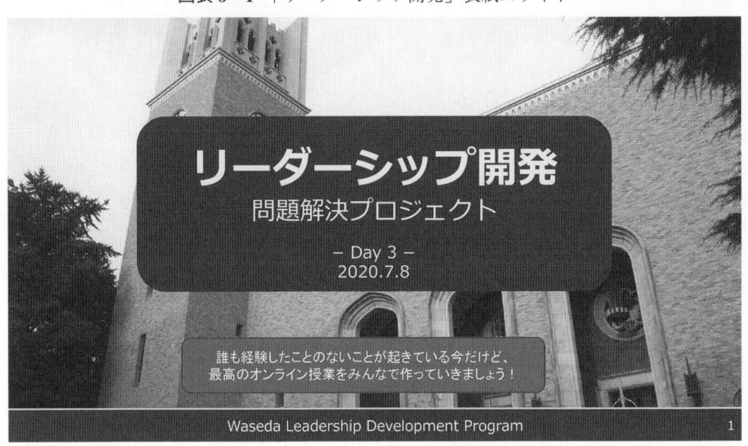

る。ここにあるように「最高のオンライン授業をみんなでつくる」ために，全員発揮のリーダーシップが発揮されていた。

(2) 今だからやれるクラスをやる

こうして知恵を集めて，対面でやっていたものにひけをとらない授業を行うことができたが，対面時のカリキュラム内容のなかにはオンラインでは行えない内容もあった。例えばリーダーシップを体感するために授業の初回に行っていたペーパータワーというアクティビティがあった。A4サイズの紙を折って立体をつくりそれを積み上げ，最も高い「タワー」をつくったチームが優勝というものである。しかしこれをオンラインで行うのは無理である。

そのような時に考えたのは，ただ対面の時の内容の代替ではなく「今だからこそできるやり方」を見つけることだった。例えばコロナ禍において，人びとは平常時以上に人と人のつながりの大切さを感じているのにそれが今，つくりにくいと感じている。であればクラスのなかにそういう場をつくること自体を初回クラスでのリーダーシップ体験ミニプロジェクトにしてはどうか。そう開発チームで考えて実施に至ったのが「あんしんあんぜん場作りワーク」という，チームで協力し合って「具体的にどんなことをすれば安心安全な場が作れるか」を考え実際にやってみるというワークである。各クラス教員および TA

たちのチーム・ビルディングに実際に使ってチューニングし，授業に導入したところ，「学年を超えてあだなで呼び合う」「恋バナをする」「話していない人に意見を聞く」「人の話に大きく反応する」「あえて価値観の違いが出そうな話をして，でも人の話をきちんと聞く」といったアイディアが出され，チームを超えて共有され，実行に移されて「本当にあんしんあんぜんな場になった！」と受講生が喜んでいた。しかし，もし「あんしんあんぜんな場作り」ワークを平常時に行ったら，なんとなく照れたり，そこまでの必要性を感じないため手抜きが起きてしまったりしたかもしれない。少なくともそれを起こさないための工夫がさらに必要になっただろう。コロナ禍のなかだからこそ自然にこのようなワークができた面もあると考えている。つまり，理想的な授業をできない状況であったとしても，その不自由さを乗り越えて行く体験から学ぶことが，ことリーダーシップ開発においてはできる可能性がある。

（高橋俊之）

注

(1)　VUCA（ブーカ）とは，Volatile, Uncertain, Complex and Ambiguous の略

参考文献

日向野幹也（2018a）「早稲田大学におけるリーダーシップ教育」，高橋・舘野編著，中原監修『リーダーシップ教育のフロンティア：実践編』所収，北大路書房。

第6章　女子大初の学部必修と全学副専攻：共立女子大学

1　はじめに

読者のみなさんは，学生の頃，どの程度「自分を動かす原動力を認識し，チームの中で力を発揮していた」だろうか？　筆者の場合は約40年前，自分の原動力は何か認識もせず，十分な力は発揮できていなかったように思う。社会に出てからも仕事，子育て，震災体験，海外生活，介護など，目の前のことにがむしゃらに取り組みここまで一生懸命生きてきたが，自分らしくチームに貢献できていると思えるようになったのは，せいぜいこの10年ぐらいのことだ。本当にもっと早く認識し実践できていたら，過去の仕事仲間やチーム，組織にもっと貢献できていたのではないかと思わずにはいられない。

今回第6章を執筆するにあたって共立女子大学での4年間のプログラム開発を振り返り，改めて気づいたのは，筆者の基盤にあるのは，学生たちが大学時代に「自己を理解し，チームの中で自分らしく力を発揮するために必要なことを探究し，実践する場をつくりたい」という思いである。そして当事者の学生と共につくり上げ，毎年の学生参画でプログラムも組織自体も成長するしくみにしたいと思っている。

大学教員として10年弱の筆者は，前職はダイバーシティ&インクルージョンの組織開発コンサルタント会社に12年間勤務，海外大学生活，その前は大手電機メーカーの営業職であったが，現在このような大学のリーダーシップ開発に関わる取り組みに魅了されるまでには，様々な偶然や必然の出会いがあった。15年前は，子育てと介護真っただなかの超多忙のワーカーであり，将来大学生の教育に関わることになるとはまったく予想もしていなかった。したがって，アクションラーニングの勉強会の繋がりで知り合いになった日向野さんから，2013年に「大学生にリーダーシップを教えてみませんか」とお誘いがあったときも，大学生像をリアルにイメージすることさえ難しかった。一方，ダイバーシティ＆インクルージョンの文脈で組織のマネジメント層にリーダーシップ開発プログラムを提供していたものの，組織開発での運用の複雑さや難しさも強く認識しており，かえって「そもそも日本の大学生にリーダーシップを教えることなどできるのだろうか？」「いや，学生向けのプログラムからマネジメントへの開発ヒントが得られるのでは？」という好奇心に火が付いた。その後2014年の立教大学での BLP（ビジネス・リーダーシップ・プログラム）の兼任講師を皮切りに最初は前期だけだったものに，後期が加わり，2科目担当になり，早稲田大学が加わりと徐々にコンサルタント会社勤務との両立生活になった。

一般的に社会人が大学プログラムに引き込まれる理由は複数あると思うが，筆者の場合は何よりも当時の教員と学生（立教大学は SA：Student Assistant）のチーム運営の面白さであり，特に SA の成長を間近で見ることによる支援の手ごたえが大きいこと，また半期の PDCA サイクルのテンポがよく，半期，1年が終わるとすぐに次を試したくなる振り返りと改善の構造が整っていたことなどがある。結局，2018年度に共立女子大学の新学部設置準備室の専任講師にキャリアチェンジをすることになった。理由の一つは，定年まで約10年とした時に，僭越ながら，大学教育と学生への成長支援を通じて（今までの自分には十分にできていなかった）世の中を少しでもよくするための社会貢献ができるのではないかと感じたからである。現在はビジネス学部のリーダーシップ開発の専任教員として，共立女子大学のビジネス学部と教養科目のリーダーシップ開発プログラムの設計と運営を担っている。そして学生たちが「自己を理解し，チームの中で自分らしく力を発揮するために必要なことを探究し，実践する場をつくりたい」と考え，卒業後のネットワークを視野に入れた共立リーダーシッププログラムの開発に邁進している。

少々前置きが長くなったが，お伝えしたいことは，学生時代に「リーダーシップ」という言葉に出会わなかった人も，まったく関心のなかった人もチームで活動することや，「自分を動かす原動力を認識し，チームのなかで力を発揮すること」の重要性を認識しているのであれば，私たちとともに若者や学生に向けたリーダーシップ開発の仲間に加わっていただきたいということだ。実

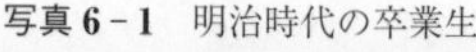
写真６−１　明治時代の卒業生

写真６−２　共立講堂と本館

務家出身でまだまだ大学教員歴の浅い筆者の，わずか４年間の取り組み事例ではあるが，読者の皆さんに少しでも関心をもっていただく機会になればと願っている。

2　共立女子大学について

共立女子大学（東京都千代田区一ツ橋）は1886年（明治19年），34名の発起人によって，近代女性の自立と社会的地位の向上をめざし，専門的知識と高度な技能を習得するための「共立女子職業学校」として創立された。源流にある「女性の自立と自活」の建学の精神を今に受け継ぎ，時代の変化とともに進化しながら，たくましく社会を生き抜く女性を輩出し続けている。創立130周年を機に取り組んだ教育改革の要として，共立女子大学・共立女子短期大学ビジョン（以下，KWU ビジョン）を掲げ，134周年に当たる2020年には新しい時代に即して自立・自活できる女性の育成を目的に，従来の家政学部，文芸学部，国際学部，看護学部に続いて５つ目の学部となるビジネス学部（定員150名）を開設した。（**写真６−１，６−２**）

本章では，共立女子学園の2018年度「第二期中期計画」とそのビジョンの一つ「協働とリーダーシップ」を組み込んだ大学のリーダーシップ開発プログラムについて，その成り立ちや背景，意図やねらいなどを明かにする。また，リーダーシップ開発を学部必修科目として展開するビジネス学部の事例を中心に学部初年度となる2020年度の具体的なリーダーシップ開発授業のプログラム内容のなかから特徴的な取り組みを紹介し，今後に向けた課題点や女子大におけるリーダーシップ教育の展望を提示する。

図表6-1　KWU ビジョン

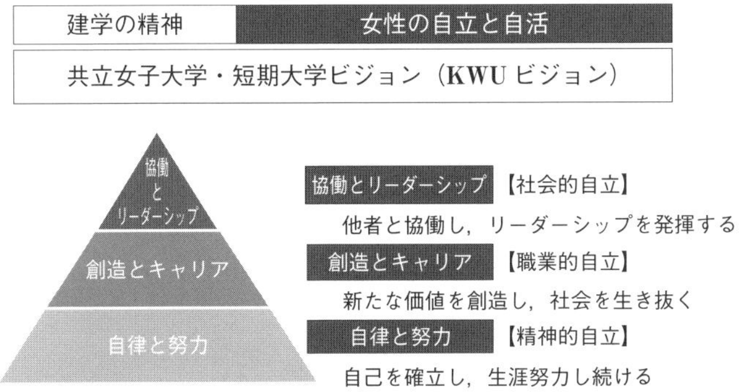

建学の精神	女性の自立と自活

共立女子大学・短期大学ビジョン（KWU ビジョン）

協働とリーダーシップ
創造とキャリア
自律と努力

協働とリーダーシップ【社会的自立】
他者と協働し，リーダーシップを発揮する
創造とキャリア【職業的自立】
新たな価値を創造し，社会を生き抜く
自律と努力【精神的自立】
自己を確立し，生涯努力し続ける

©共立女子大学

3　共立女子大学・共立女子短期大学ビジョン

2018年度に定めた KWU ビジョンは，「自律と努力」「創造とキャリア」「協働とリーダーシップ」であるが，（図表6-1）のようなピラミッドの構成となっている。「自律と努力」は精神的自立を念頭に，「創造とキャリア」は職業的自立を念頭に，「協働とリーダーシップ」は社会的自立を念頭に策定している。つまり，精神的自立は他の自立の基礎をなす概念，社会的自立は，精神的自立と職業的自立の達成なくしては成り立たない，他の上位概念ととらえている。共立女子大学ではこのビジョンの実現に向けて，様々な教育改革を推進しているが，ビジネス学部開設と教養教育のリーダーシップ科目の充実もその一つといえる。

4　全学部リーダーシップ副専攻制度の導入

第Ⅰ部で議論されている通り，学生が21世紀をしなやかに生き活躍するためには，どのような職種，専門分野や領域，業態，業界にあっても，個人のリーダーシップ開発は欠かせない。ビジネス学部では開設に当たって，リーダーシップ教育がコアカリキュラムの一角を成す科目体系をとっているが（次節を参照），共立女子大学では全学的なリーダーシップ教育の推進も進めている。全学の教養教育課程を構成しているのは，KWU ビジョンに基づいた「自律と努力コア」「創造とキャリアコア」「協働とリーダーシップコア」の３つのコア

写真 6－3　教養科目・総合表現ワークショップ授業風景

である。専門教育での学びを支えるための基本的な知識や技能，幅広く深い教養，総合的な判断力，豊かな人間性を有する女性を育成することを目的としている。（**写真 6－3**）

そのなかで，2020年度より刷新した教養教育において，リーダーシップを副専攻とする全学副専攻制度の導入を行った。リーダーシップの開発を専門教育への基盤と位置づけ，専門教育の学びを促進するための新たな仕組みとして取り入れたのだ。

具体的には「Major in Anything. Minor in Leadership.®」（主専攻は様々な専門分野，副専攻はリーダーシップ）というキャッチフレーズを掲げ，2020年 4 月より学内外に向けて「リーダーシップの共立」というメッセージを強く発信している。キャッチフレーズは米国の複数の公立大学で提唱されていたものを，各所に確認した上で採用しているが，この方針を取り入れることで，共立女子大学は日本の大学として初めて全学でのリーダーシップ科目の副専攻化に舵を切ったことになる。

なぜ，今，副専攻化を推進するのだろうか？　共立女子大学においては，KWU ビジョンの存在があげられる。このビジョンを教育の現場で実現するためには，それに応じた教育環境づくりが欠かせない。どのようにリーダーシップを学ぶ環境を支えるのか，現場の教育に反映する制度として伝えることが肝要である。

図表 6－2　リーダーシップと専門分野の関係性

Major in Anything.®
Minor in Leadership.

主専攻は様々な専門分野，副専攻はリーダーシップ

Minor in Leadership.
副専攻はリーダーシップ

リーダーシップ

【副専攻】
リーダーシップ

【主専攻】
専門分野

専門分野 × リーダーシップ

Major in Anything.
主専攻は様々な専門分野

専門分野
家政学部
文芸学部
国際学部
看護学部
ビジネス学部
生活科学科
文科

ⓒ共立女子大学

また，第Ⅰ部で述べられているように，様々な専門領域で学び数年後社会に出ようとするあらゆる学生にとって，学生生活の早い段階でのリーダーシップ開発は極めて有益である。そのために学びと開発の機会を用意し，学生が取り組みやすいようにすることが求められる。例えば，学生のみならず，教員や職員にもわかりやすくその有益性を広く伝えることも重要だ。そこで，リーダーシップを副専攻とする新しい考え方を，誰にでもわかりやすいように，リーダーシップと専門分野との関係性を自転車に置き換え，学内外の理解促進に努めている（**図表6－2**）。

Krambelkar（2014）によると，スキルの関係性を自転車で類比として表したのは，ウィルソン・ラーニングである。サービスマネジメントの分野において，マネージャーのソフトスキル（またはヒューマンスキル）を前輪で，技術的（テクニカル）スキルを後輪で表し，ギアは柔軟性を，ハンドルは自分自身のマネジメントであるとし，サービスマネジメントの自転車モデルとして表した。それに加えてKrambelkar（2014）はペダルと荷台は解決のスピードと対応可能な処理量だとして能力を追加している。

日本においては，日向野さんが立教大学で教鞭をとられていた時に，リーダーシップと専門領域は自転車の前輪と後輪であると表現され，（日向野，2013：47），その後は立教大学のBLPカリキュラムの全体像のなかに同様の図が表現されていたことがある（中原・館野・髙橋，2018：86）。

共立女子大学では，全学における副専攻の方針を打ち出す目的で，（**図表6－2**）のようにリーダーシップ開発を前輪で，ビジネス学部を含む他学部の専門分野を後輪で表し，大学（家政学部，文芸学部，国際学部，看護学部，ビジネス学部）・短大（生活科学科，文科）全ての学部の学生にもリーダーシップを学び開発する機会を提供し，それを推進することを示している。

5　共立女子大学におけるリーダーシップ科目の意味

KWUビジョンに入っていることにも関わるが，そもそも共立女子大学でリーダーシップ教育に力を入れるようになったのはどうしてだろうか？

簡単に日本における女子大学の歴史を振り返ってみる。日本では1948年に私立の津田塾，東京女子，日本女子，聖心女子，神戸女学院の5女子大学の設立が許可されたことがスタートだ。これは，お茶の水女子大学などの国公立の他大学に先駆けた設立であった。(安東，2017) その後，女子大学数は増え，1998年には98校となりピークを迎えた。しかし1998年から2007年の間に，共学化等によって減少に転じ，2019年現在で女子大学は計76校（私立72校，国公立4校）となっている（稲澤，2020：19)。共学化の波と共に，男女共同参画社会において，減少傾向にある21世紀の女子大学はどのような目的で何のために存在するのか？　多くの女子大学は，女子のみの大学であるがゆえに常にその存在意義を問い続けて今を迎えていると言えるだろう。

日本の大学教育において，大学に求められている役割と，女子大学に求められている役割について，稲澤（2020）は川山（2018）の指摘を取り上げている。それは，「新たな教育事業を構想する際のポイントとして，「教育内容やビジネスモデルだけではない，教育事業の根幹となる『理念』の形成や，教育方法や運営を含めた『学びのイノベーション』を考えなければいけない」ということだ。まず，教育の効果はサービスを受けた後でしか分からないゆえに，この教育サービスが目的とするところの教育理念が参照点になる。つまりこの教育サービスを受けることによってどのような人材を育成するのか，その育成手段をどのように考えるのか，教育サービスを受けて育成された人材は社会的ニーズがあるのかを示す必要がある，という（川山，2018)。

また，「学びのイノベーション」とは，従来のように「教える内容」に焦点を当てるだけでなく，「教え方」や「学校（教育運営)」のように，教育方法や運営においても社会に合わせたものが必要になるという考え方だ。これを共立女子大学に当てはめると，設立時からの「女性の自立と自活」という理念を中心にリーダーシップ開発という新たな学びの内容を加えることで，今までとは異なる学び方，教え方，授業や科目運営，例えば，リーダーシップの副専攻制度といった試みを推進している。2018年度からの教育改革もこのような考え方に基づくものである。

リーダーシップ開発という学びと学びの方法に全面的に取り組んでいるのは共立女子大学の特徴であるが，一方，他の女子大においても，1991年の大学設置基準の大綱化政策の影響もあり，変化が見られ，従来の女子大には少なかった社会科学系学部や学科（例：経営，ビジネス，国際社会，情報，政策他）の開設を通じて新たな学びを提供しようする動きは始まっている。いずれの大学においても理念とその存在意義を追求しながらの取り組みであると推測できる。

そして，「教育サービスを受けて育成された人材は社会的ニーズがあるのかを示す必要がある」点については，第Ⅰ部で深く議論をしている通りである。VUCA の時代においては専門領域だけではなく，それを適切に活用し，他者との協働によってチームで成果を出していくリーダーシップを発揮できる人材が求められている。共立女子大学としても，主要 4 分野を学びながら，自分らしいリーダーシップを発揮し社会に貢献する学生の輩出をめざしている。

6　女子大学でリーダーシップを学ぶということ

自分らしいリーダーシップの発揮をめざして，大学生としてリーダーシップと専門領域を学ぶときに，女子学生が女子大を選択して学ぶというのは，どういうことなのだろうか？

2019年度学校基本調査（速報）によれば，大学は786校あり，女子大の数は全大学数の10％である。この女子大学比率は女子大を有する米国，韓国と比べていまだ高く，日本の大学構造の大きな特徴の一つとなっている。（安東，2017）しかしながら，この四半世紀の国内の動向を踏まえるとこの後も女子大の数は減少傾向となることは想像に難くない。

稲澤（2019）は女子大学の現代的意義を探る研究において，研究に着手した当初は「女子大学から共学に移行した大学が「終えたと判断した女子大の役割」を探そうとしたが，実は共学への移行が決して女子大学の役割を終えたという理由からではなく，一つは学生の確保のためであり，同時に，「女子」の仕事とされたファッション，音楽，看護などが逆に性別を限らず男女が希求する分野と位置づけが広がったことが理由だったことが明かになった」としている。また，戦後の日本において，「女子大学・女子短期大学が日本の高度経済成長期に終身雇用，年功序列などと並び，家庭生活を支える優秀な専業主婦層を輩出しつつ，職場における男女役割分業を支えた側面があった」としている。

そのなかで，今後「新たなビジョンを掲げる女子大学が取り組む「新しい役割」とは，社会が女性に求める役割の変化から，女性のリーダーシップを育成すること」であること，同時に「社会が必要とするリーダーシップ自体が時代と共に変質していることがわかった」と語っている。

女子学生が自身にとっての近い未来である，日本の女性の活躍をみることができる指標として世界経済フォーラムの Global Gender Gap Report 2021 がある。そのなかの経済，教育，健康，政治の分野から見た日本における男女格差指数は153カ国中120位となり，前回からわずかに1ポイント上がったものの史上ワースト2位となっている。また，男女共同参画白書令和元年版によると，管理職に占める女性の比率は14.9％であり，前回より増加はしているものの，12カ国中，韓国の12.5％に次いで低い数値となっている。さらに OECD による研究者の女性割合の国際比較においても日本は最下位となっている。

これらのデータから言えることは，女子学生自身が意識しているか，意識していないかに関わらず，戦後，政府，地域，個人の様々な取り組みが進んできているものの，日本における女性の活躍はまだまだこれからであること，そのために社会に出る前の女子学生に対して大学こそが提供できる成長と学びの環境が多くあること，女子大学もその一つであるということであろう。本学のオープンキャンパス時にも，来校している高校生から「自分は女子に囲まれた環境の方が安全に感じるし，快適に感じる」「自分は女子だけの方が自由に学べるように思う」という声を聞くことが多い。このように，女子学生のなかには，高校卒業時において，自ら学び，自分らしい成長を目指す環境として女子大学の環境を快適と感じ，選択したいと考える層が存在すると推測できる。このような女子学生の視点や感覚について，筆者は女子大学で学んだ経験はないものの，留学前の心情や MBA で学んでいるときの感覚に似ていると感じた。例えば，まずは自身が快適と感じる環境で学習し，その上で異なる環境（例：海外・社会）で実力を試したいという体験のステップである。

先進国でありながら，女性活躍においてはまだ長い道のりである日本で，自分らしく成長したいと考える女子学生が存在することを踏まえ，まだまだできることがあると考える女子大学は多いはずだ。それぞれの女子大学が，改めて女子大学の「新しい役割」を強く意識しており，様々な発信を始めている。例えば津田塾大学では新しい時代をつくりだす「インクルーシブなリーダーシップ」を備えた「変革を担う女性」への機会提供をめざしてダイバーシティセンター・フォー・インクルーシブリーダーシップを設置した。また，昭和女子大学では坂東理事長・総長自らが「失敗を恐れず挑戦し周囲を巻き込むリーダー像」を通じて新しいリーダーシップを提唱している。共立女子大の掲げる「自分らしいリーダーシップ」「リーダーシップを発揮する人生か，そうでないか」（朝日新聞2020年10月１日）等も例外ではない。

共通していることは，女子学生が力を伸ばし，発揮していくために，新しいリーダーシップの考え方を，女子大学という環境のなかで最大限に実現しようと考えていることであろう。大学時代に女子のコミュニティで豊かに学び，リーダーシップを探究する経験をすることで，４年後には，自信をもって社会に飛び立つことができる。そのためのあらゆる支援を行うアプローチを共立女子大学を含めた女子大学の取り組みからも垣間見ることができる。

7　共立女子大学で学ぶ自分らしいリーダーシップとは

リーダーシップは「何らかの成果を生み出すために，他者に影響を与えること」（日向野・松岡，2018）であり，態度スキルでもある。そのため，自己理解が進んでいなかったり，偽った自分であったりすると，適切に発揮することができない。例えば自分の特性を十分に理解せず，国籍や性別や価値観を隠した状態ではもてる力を発揮して活躍することが難しいのと同じである。まずは自分とはどういう人間なのか，何が強みで，どんな弱みがあるのか，その上で自分はどのような影響力で他者と関わって成果をだしたり，活動をしたりしたいのかを知っていく必要がある。これは一見，社会人より若く，しがらみの少ない大学一年生にとってシンプルなことに見えるかもしれないが，意外と難しいことのようである。そのため，次の３点，①まずは自分のことを知り，②自分のなかにある多様なリーダーシップに気づき，③社会に出る前に体験し，ぜひ学んで欲しいことを組込んだプログラムにしている。

(1) まずは自分のことを知る

自己理解が進んでいない理由としては，以下が考えられる。第一に高校生活やクラブ活動や受験を通じて，様々な経験はしているが，改めて他者に影響力を与える力という視点で，自分の強み，弱みをとらえていないこと，第二にとらえているつもりでも自分一人の思い込みであったりすること，第三に自分の強みや弱みであるにもかかわらず，両親や家族からのコメントや期待その他が強く反映されていて，本当にそうかどうかを自ら検証したことがないこと，第四に検証する必要性を感じず，そのままにしていること，第五に，大学受験の体験を通じて，（第一希望でなかったり，家族の意思や環境による不本意な入学などにより）全体的に自信を失っている場合も多いこと，などがある。つまり，一般的に大人から見える「希望に満ちあふれた大学一年生」というのは程遠く，希望は心に秘めているものの，自己理解は未だ不十分で不安をもっている学生が多く存在するのではないかと筆者は感じている。

授業では，そのような学生に対して，1年間を通じて，自分はどんなことを考えているどのような人間で，何が強みなのか，苦手なことは何か，どういう時に力を発揮でき，どのような時に動けなくなり，ネガティブな思考に陥るのかなどを繰り返し考えて，言語化するトレーニングを行う。そのような自己探求のプロセスを経て，1年の終了頃には，あらためて自分らしい力の発揮とはつまりどういうことなのか？　自分らしいリーダーシップについて，リーダーシップ持論として各自が言葉で表現することができるようになる。

授業を通じて自分の理解を深めることについて，一つの例を紹介しよう。Aさんは高校時代の部活の副部長の経験から二番手として部長を支えるのが得意であるとの認識をしていた。部長の意見を咀嚼して広く伝えることができるのが強みだと言っていた。しかし，企業課題を扱う PBL のグループワークを通じて，一番得意なのは，チームが目的を見失いそうな議論時に，本来の目的を思い出させると同時にチームのめざすべき新たな目標を定義し直す，といった俯瞰的で冷静な力であることに気づいた。つまりAさんは，いつも二番手としてリーダーのサポートをするのが得意というよりは，俯瞰的で冷静な観察力から気づいた点を言語化し，目標とすり合わせる力を持っていたのだ。そしてそれは，自分がリーダーになる環境でもメンバーである環境においても，他の人よりもよりよく発揮でき，自分らしく貢献できる強み，自分らしいリーダーシップなのだと自覚することができたのである。

(2) 自分のなかにある多様なリーダーシップに気づく

私たちを取り巻く環境は明らかに以前とは大きく変わってきている。21世紀に求められるリーダーシップについて，13カ国6万4,000人に対して行った調査がある。リーダーシップの資質を125種類用意し，あらかじめそれを「男性的」「女性的」「どちらでもない」に分類してもらう調査をしたうえで，その結果を見せずに，新しい時代に求められるリーダーシップの資質はどれだと思うかについて調査したものである。そうすると，「積極的」「勇敢」「根性がある」といった，人が「男性的」と感じる資質ではなく，「助ける」「共感力」「思慮深い」「脆弱」など「女性的」と感じる資質が上位に来たというものである（ガーズマ，2013）。ここで注意が必要なのは，男性のリーダーシップ，女性のリーダーシップではなく，人が男性的，女性的と感じる資質という点である。つまり，前者は旧来のリーダーシップに多く見られ，後者は旧来のものにはあまりみられなかったものとも言える。今まではリーダーシップの文脈で考えられては来なかった資質こそが，世界的に男女にかかわらず，今後大切だと考えられていることが見えてきたということだ。

授業のなかではこの資質を125枚のカードにして，最後の授業で互いに相手に贈り合うワークを試みている。学生は普段見かけることが少ない言葉との出会いも含めて，旧来のリーダーシップのイメージに引きずられずに，メンバーのリーダーシップ発揮に対して，適切な言葉を選ぶことができる。実は全チームメンバー向けに選ぶ作業は簡単ではない。125のなかから選ぶ1枚はPBLを一緒にやり遂げたからこそ見えてくる強みが反映されている。そのようなカードを受け取って，学生は自分の中にある多様なリーダーシップに気づくことができると考えている。

(3)　社会に出る前に体験し，ぜひ学んでほしいこと

2015年に企業が正社員として働く男女3,000人に対して行った「女性管理職の育成・登用に関する調査」のなかに興味深い結果が一つある。管理職ではない女性は管理職に求められる要件レベルを男性より高く想定している一方，男性よりも自己評価が低いこと。特に「マネジメント力」「部下育成力」「指導力・リーダーシップ」で管理職になるための能力不足を感じている女性が多いこと。また，女性管理職が「管理職になろうと思った理由」として，「会社や上司の働きかけ」が男性より高くあげられた。そして，管理職層が「管理職になるのに役立った経験」として男女ともに挙げたのは「仕事における失敗や困難の経験」であった。調査結果は，他者からの働きかけや様々な仕事の経験と自信の蓄積を通じて個人が能力や自信を高めるための取り組みが企業に求められていると結論づけている。

この調査結果をそのまま学生に結びつけるわけにはいかないが，リーダーシップ開発の観点で大切な示唆が含まれていると考える。リーダーシップの旅を語るなかで，金井（2002）も言及しているように「一皮むけた経験」こそがリーダーシップの開発につながることが多いが，ほとんどの場合経験している最中はそれが修羅場のような失敗の連続や困難な状態であるものだとしている。ただ大学生として新しい環境の中で，今までとは異なる多くの経験をしたり，ましてや失敗経験を重ねることには恐れもある。しかしそのままでは自信も身に付かない。失敗してもよい環境で，多くの経験をして，時には失敗をして，小さな自信を積み上げげて，自分の強みを見出してまた新たな行動を起こせるような経験と学びのサイクルを体験し，こういう学びも悪くないものだと気づいてほしいと思う。そうして積み上げた自信の蓄積は社会人になってからも自分を勇気づけてくれるだろうし，経験者として他者への働きかけにもつながると考えるからだ。

リーダーシップの授業では，クラス内で多くの失敗をしてそこから学ぶことができる「道場」のような場を提供することを意識している。そしてそこで発見した強みを一つずつ増やし，実社会に出たときに自信をもって自分らしいチームへの貢献を行って欲しいと思う。

ところで，6節で述べた女子大学の環境は，全ての女子学生にとって自己探求をし，失敗し強みを発見するのによい環境なのだろうか？　残念ながらそれは個人ごとに異なると言わざるを得ない。女子学生も極めて多様なのである。しかし前項のオープンキャンパスに来校した女子高校生の言葉の例のように，その方が快適に自己と向き合えるという女子学生も存在することは確かである。女子大学の環境は，女性という属性やその属性への期待というものをあえて意識する必要がなく，意識する機会も少ないという点では，女性という属性以外の自分のなかの多様性について考えを深める機会が増えるという可能性はある。そう考えると，改めて，高校生には大学は自分が自律的に学ぶ環境であることを知ってもらい，ほかでもない自分自身が快適に存在し学ぶことができる環境としての大学という観点で真剣に選択してもらいたいと強く願う。

8　ビジネス学部必修プログラムとしてのリーダーシップ開発

ここからは，2020年度に開設したビジネス学部の必修プログラムについて，カリキュラム（**図表6-3Ⓐ Ⓑ**）に従って説明したい。科目体系はビジネス学部のディプロマポリシー，カリキュラムポリシーにそって構築している。すなわち「本学の建学の精神および共立女子大学の人材養成目的に基づき，ビジネスの場で活用できる知識・技能と必要な教養を身に付け，他者と協働してリーダーシップを発揮できる人材を養成することである。

教育の柱は「専門」「リーダーシップ」「課題解決型」で「専門」については主要4分野となる経営・マーケティング・経済・会計に加え，英語・法律・統計の基礎的な科目を1・2年次に必修で学ぶ。リーダーシップも1年次前期「リーダーシップ開発入門演習Ⅰ」，後期「リーダーシップ開発入門演習Ⅱ」，2年次前期「リーダーシップ開発基礎演習」までを必修科目としている。3・4年次の学生は主要4分野より専門領域を選択し，選択科目とゼミナールにおいて専門分野を探究する。リーダーシップに関しても関心の高い学生は2年次後期より「リーダーシップ開発応用演習」によって学習を深めることができる。

もう一つの柱である「課題解決型」は，1年次の後期必修の教養教育科目（全学共通科目・運営学部主導）の「基礎ゼミ」，「課題解決ワークショップ」を導

図表6－3Ⓐ　2020年度ビジネス学部カリキュラム

カリキュラム　　●：必修科目　☆：推奨科目　（網掛け）：教養教育科目

科目区分＼ステップ		1年次	2年次	3年次	4年次
		入門科目で学びの土台をつくります。	主要科目で専門知識を深め，リーダーシップ演習で実践につなげます。	発展的な応用科目により学びの専門性を高めます。	卒業論文で学びの総仕上げを行います。
主要4分野＋リーダーシップ開発	経営	●ビジネス入門 ●経営基礎Ⅰ	●経営基礎Ⅱ ●経営組織論Ⅰ ●経営戦略論Ⅰ	現代経営事情　人的資源管理論 経営組織論Ⅱ　国際経営論 経営戦略論Ⅱ　コーポレート・ガバナンス 中小企業論　コンプライアンス経営論	●卒業論文
	法律	☆法律を学ぶ（概論）		ビジネスと法A　ビジネスと法B	
	マーケティング	●マーケティング基礎Ⅰ	●マーケティング基礎Ⅱ ●流通論Ⅰ ●流通論Ⅱ	現代マーケティング事情　マーケティング・コミュニケーション 消費者行動論　マーケティング・リサーチ	
	情報・統計	●情報処理 ☆情報の分析と活用A ☆情報の分析と活用B ☆数学への招待	●統計学基礎演習Ⅰ ●統計学基礎演習Ⅱ	ビジネスとプログラミング ビッグデータ分析	
	経済	●ミクロ経済学基礎Ⅰ	●ミクロ経済学基礎Ⅱ ●マクロ経済学基礎Ⅰ ●マクロ経済学基礎Ⅱ	現代金融・会計事情　金融論 公共経済学A　国際金融論 公共経済学B　国際貿易論	
	会計	●会計基礎Ⅰ ●会計基礎Ⅱ	●財務会計Ⅰ ●財務会計Ⅱ ●原価計算Ⅰ ●原価計算Ⅱ	会計演習A　ファイナンス 会計演習B　監査論 管理会計Ⅰ　企業評価論 管理会計Ⅱ　起業と会計	
	リーダーシップ開発	●リーダーシップ開発入門演習Ⅰ ●リーダーシップ開発入門演習Ⅱ	●リーダーシップ開発基礎演習 リーダーシップ開発応用演習 ファシリテーション基礎演習A ファシリテーション基礎演習B	チームコーチング基礎演習A チームコーチング基礎演習B	
ゼミナール		●基礎ゼミナール		●3年ゼミナール	●4年ゼミナール
英語		●英語A （リスニング・スピーキング） ●英語B （リーディング・ライティング）	●アドバンスト英語A （ビジネス口頭表現） ●アドバンスト英語B （ビジネス文章表現）	☆アドバンスト英語 （TOEIC®）	
教養		●ライフプランと自己実現 ●課題解決ワークショップ			

図表6－3Ⓑ　ビジネス学部学びの流れ　入学前から卒業後まで

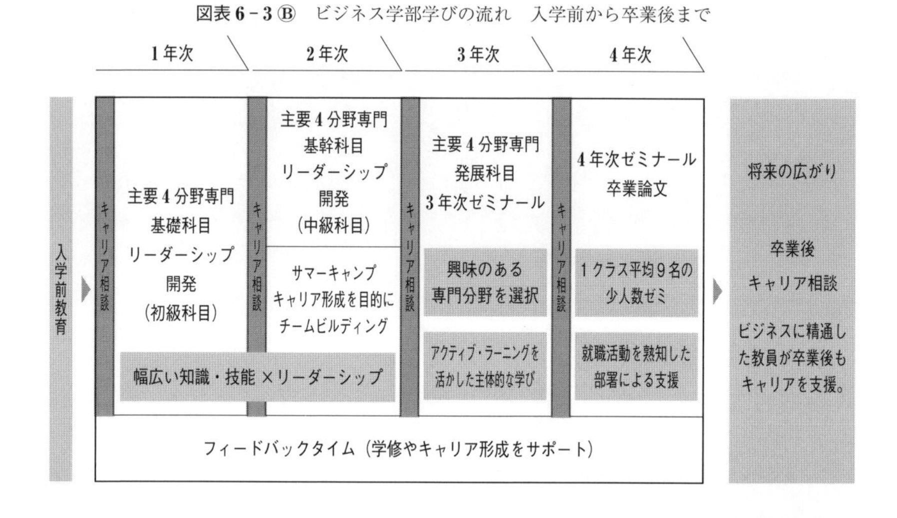

入として，3・4年次はゼミナールを中心に企業と連携した課題解決型授業によって実践的な能力を養成することをめざしている。つまり学生は1年次より常にこの教育の3本柱のなかで，他者と協働し学習する習慣をつけ，そこで学んだスキルやリーダーシップを自身の専門領域（ゼミナールなど）で発揮することが期待されている。教養教育とリーダーシップと専門領域の融合において，いずれも欠かすことはできないと同時に，新しい学びを推進するリーダーシップ科目の役割は大きいことは言うまでもない。

このように詳細なカリキュラムを共有する意図は，共立女子大学におけるリーダーシップ科目の位置づけを明確にすることである。リーダーシップ科目が特別な科目として個別に存在するのではなく，専門領域を踏まえた科目配置を行い，年次が上がるにしたがってより一層の，大学内の科目を越えた学びの融合が行われることを目的としていることだ。新学部の開設と共にカリキュラムを一から検討し，全学共通の教養教育科目とも連動しながら，最も学生にあった履修カリキュラムの構築をめざした結果である。

もう一つの特徴は，2年次前期・後期の「ファシリテーション基礎演習A・B」と，3年次前期・後期の「チームコーチング基礎演習A・B」である。これはLA（Learning Assistant）を養成する科目で，前者は1年次の「リーダーシップ開発入門演習Ⅰ・Ⅱ」，後者は2年次前期「リーダーシップ開発基礎演習」と連携している。リーダーシップ授業の他大学先進事例においては，学生のアルバイトによる学生アシスタントが多く見られるが，その利点も踏まえた上で，共立女子大学では LA 自身のリーダーシップ開発科目として，このように2年～4年次に履修できる計4科目を設定した。科目開始年度となる2021年度はビジネス学部2年生18名の履修（LA の輩出）となった。

一方，教養教育科目においても同様の科目を用意し，他学部学生も LA 養成科目を履修できるようにしている。ビジネス学部のリーダーシップ科目はビジネス学部生を対象とし，教養教育科目のリーダーシップ科目は基本的にはビジネス学部以外の全ての学生を対象としているが，LA 養成においては，基本的には学生の多様なリーダーシップ開発を念頭におき，学生が学部を越えて協働で動くことができる仕組みを検討中である。

ビジネス学部のカリキュラムが素晴らしくても受験生の獲得ができなければ不十分である。カリキュラム・ポリシーは，ディプロマ・ポリシーに掲げられた資質・能力を身につけさせるための方針として定めており，当然ながらカリキュラムの狙いと内容に合致した学生の獲得をめざしてアドミッション・ポリシーを設定している。そこで，アドミッション・ポリシーに強い共感と関心を持ち，かつ入学後にリーダーシップを発揮しながら主体的に学修する意欲を持った学生を獲得するための選抜の一つが総合型選抜入試（リーダーシップ方式）である。通常の入試とは異なり，1次試験は小論文，2次試験は講義・個人ワーク・グループワーク（発表・ディスカッション・相互フィードバック）・個人レポート作成といった内容である。大学の授業を先取りするような内容としており，新しい学びに意欲の高い第一志望の学生の獲得をめざしている。2019年度と2020年度に続いて今後もこの入試形態は継続していく予定である。

9　授業プログラム事例　2017年～2019年

ここでは少し冗長になるかもしれないが，過去3年間の試行錯誤について述べたい。終章にあるように，リーダーシップ開発が全国に広がりつつあることを踏まえると，リーダーシッププログラムの最適化の議論が進むと考えられる。

各大学の環境や導入フェーズによっても課題やそのための解決は多様でただ一つの解があるわけでもない。2020年度ようやく軌道に乗ったように外部からは見える共立女子大学の事例も，そこに至るまでの数年間の試行プロセスがあったことを読者のみなさんに伝え，ぜひ参考にしていただきたいと思う。

(1)　トライアル（2017年）

ビジネス学部開設の２年前となる2018年度より，教養科目において既存の学部生対象のリーダーシップ授業を実施した。さらにその１年前の2017年は，教職員が先進事例となる立教大学や早稲田大学への見学を重ね，共立女子大学で運営するにあたって様々なアドバイスをいただいた。

2017年後期は当時の立教大学の前期BL0や，早稲田大学のLD1と同様のPBL形式のリーダーシップ科目（全15回）をトライアルで実施した。通常の単位は出さず研究目的で行ったもので，希望者を挙手で募った結果，新しいことを新しい形で学びたいと考える意欲の高い２～４年生の学生20名（うち２年生は１名）が集まった。企業の課題を考えるPBLとプロセスやリーダーシップの振り返りを15回の授業で行った。

見えてきた課題は，専門分野以外の知識を活用する課題設定（ビジネス課題）が，学生の自信のなさを引き出しがちであること，関係性構築が得意である（と考えている）学生は関係性を崩す（と思われる）行動をとりづらいといった点であった。具体的には，大事な方針を決める場面において，他者と異なる意見は遠慮する，特に上学年の女子学生が主張をし，他のメンバーが同調している（ように見える）場合に，本来の目的を踏まえると検討すべき事由などを，あえて自分の意見として率直に述べることができない，といった例である。

(2)　教養科目第１期（2018年）

2018年４月からは，教養科目として前期はPBL形式のリーダーシップ開発科目，後期はリーダーシップの発揮に効果的な論理思考やコミュニケーションのスキルに加えて，前述の異なる意見を伝えることに焦点をおき，アサーションを手厚く組み込んだ授業内容とした。女子学生のリーダーシップ科目への関心度合いは予想以上に高く，前期，後期通年科目でありながら，30名の募集定員に対して，120名強の学生が説明会場に詰めかけ立ち見が出たほどである。結果1年生が大多数を占める30名の，短大・大学内のほぼ全ての学部と学科の学生（生活科学科と文科（短大），家政学部，文芸学部，国際学部，看護学部）による30名のクラスでスタートした。

前期の目的は，まずはリーダーシップ発揮という経験をさせることである。リーダーシップを発揮しなければならないような重要で成果を求められる課題プロジェクトを与え，最低限の情報以外は提供せず，試行錯誤をしながらチームで取り組むものである。スキル開発は各自に任されるため，対立や意見の相違，ミスコミュニケーションなど様々なスキル不足による問題も生じる。チーム活動がサイロに陥らずに，相互に学び合うことをめざして，期間後半にはグループ間のプロセス共有の時間を適宜設ける工夫した。しかし，15週間のプロジェクト期間は学生たちは未知で難しい課題や提案に向けた議論とチームで取り組むことへの難しさに忙殺され，前期を駆け抜ける生活を送り，気がつくと夏休みを迎えたというのが現実のようであった。

後期の目的は，前期の経験をリーダーシップ発揮の観点からチームと個人で丁寧に振り返ることから始めた。起きた事象，とった行動，チームの活動に与えた影響，成果（アウトプット）に影響した度合いなど，前期の時間内にはできなかったことを言語化し，相互共有をし，起こったことを事実として確認し，いったいどういうことだったのか？を分析する。自分から見えていた景色と他者の観察が異なることを圧倒的な共通体験を通じて理解することをめざす。同時にリーダーシップ発揮に必要な論理思考，コミュニケーションに加えて，特に丁寧にアサーションといった基礎スキルを前年度以上に組み込んだ。そのうえで，もう一度チャンスがあればどのような行動をするかを考察するようにした。自分らしいリーダーシップとは何かを考え，最終回の第15回目には，大学時代に大学内外で自分が実現したいこととそれに向けた自分が発揮したいリーダーシップを言語化し，各自がリーダーシップアクションプランを立てることができた。

⑶　教養科目第２期（2019年）

トライアルと第１期を経て見えてきた課題は大きく２点ある。１点目は自己理解，自己成長のための自己開示が進みづらい学生が１～２割存在したことである。心理的安全性が担保できる関係性構築を前期後期各30回の授業を通じて試みたが，早い段階から本音が話せる学生と，最後まで自分の意見を言うことにハードルを感じている学生に分かれた。

２点目は大学時代に実現したいことを，言語化できず上手く描けない学生も３割程度いたことである。リーダーシップを発揮するには，レベルに関わらず「何のために」というビジョンやゴールが必要になる。そもそも「何のために」大学に在籍し，この後何をめざしたいのかについて別途掘り下げる時間も必要と見受けられた。

共立女子大学の事例を女子大モデルと位置づけた場合，共立の学生に対してより一層の学修や学びの環境への適応が実現できることが望ましい。当時の先進２大学の事例は前期に体感・体験したことを後期で学ぶこととで気づきを深める体験型学習モデルであるが，第１期の課題を踏まえると，共立女子大学の学生には，先進事例は上手く機能しなかった。そこで先に一連のスキルを学び，自己理解を深め，自信も整えたうえで，プロジェクトを体験する前期後期を入れ替えた学習モデルによるリーダーシップ開発がより適正なのではないかと考え，内容はそのままで前期後期を入れ替えて実施した。

また，大学入学時の状況について，必ずしも第一希望の大学でないなど，多様な学生が存在することがわかり，今の自分を見つめ，どのような価値観をもって数年後どうありたいのかといったワークを前期授業に組み込み，後期後半も再び取り扱うようにした。また半期ごとに受講生と教員との全員面談を実施し，理解度合いや学習状況を把握することを務めた。

最終的には2018年度よりも関係性構築ができたうえで，後期 PBL を開始することにつながった。クラス内では学生の緊張感が薄まり，活発さが増しただけでなく，学生の振り返り力が高まっていた。大学時代に実現したいことの表現も全体的に豊かになり，互いのフィードバックも率直に行われる様子が多く見られた。一つの成果は，2019年度の30名規模のクラスから，2020年度の LA

として9名の手が挙がったことである。実にクラスの1/3が次年度のLAをめざす，あるいはめざしたいと考えてくれたわけで，これは2019年度のクラス運営では実現しなかったことである。

10 2020年度ビジネス学部1期　リーダーシップ科目の取り組み

全学教養科目では3期に入った2020年度は，教養科目は1クラス，ビジネス学部1年生の必修科目として，「リーダーシップ開発入門演習Ⅰ」，後期「リーダーシップ開発入門演習Ⅱ」は各5クラスの授業運営となった。基本的な授業情報は**図表6－3**の通りである。また，前期，後期各15回の授業内容は（**図表6－4**，**図表6－5**，**図表6－6**）である。2019年のカリキュラムが成功したことを踏まえ，その内容をできるだけ踏襲した。

大きな変更点は大学方針に従って前期がオンラインで5月開始になったこと，5月分の4回分の授業を補講として8月初旬に行うこととしたことである。さらに，後期は対面授業に転換し，コロナ対策の環境を整え細心の注意を払いながら授業運営を行うことになった。

(1) 前期：オンライン双方型授業（以下双方向型授業）「リーダーシップ開発入門演習Ⅰ」

当執筆を行っている今となっては，双方向型授業はごく日常的なことであり，実施内容について他校と比べて大きく異なる点はない。最も大変だったのは，大学方針を予測しながら，そのタイミングに合わせて，3月の授業資料を双方向型授業用に変更しつつ，当初対面で計画していたLAとのミーティング，LA研修（2月～3月），LA合宿（4月）などを全て2月末からオンライン（Zoomを使用）へ切り替え，状況を探りながらLAにとっても初めてのオンライン授業のスキル開発・支援を同時並行で進めなければならなかったことである。

(2) LAチームビルディング（オンライン）と技術的問題

大学・短期大学の入学式の中止が決定し，5月31日までの入構制限や，前期全ての授業は原則オンライン（オンデマンド推奨）となるなか，5月4日～8月

図表6－4　2021年度 ビジネス学部と教養科目におけるーダーシップ科目

ビジネス学部1年生：必修科目
前期　リーダーシップ開発入門演習Ⅰ
後期　リーダーシップ開発入門演習Ⅱ
33～34名／クラス×5クラス

ビジネス学部2年生：必修科目
前期　リーダーシップ開発基礎演習
33～34名／クラス×5クラス

ビジネス学部2年生：選択科目
後期　リーダーシップ開発応用演習
30名定員×1クラス

ビジネス学部以外の2～4年生：教養科目
通年　教養総合ワークショップ
30名定員×4クラス

※いずれも1～2名LA／クラスに配置される

LAの単位認定科目

• ファシリテーション基礎演習A・B
• ワークショップ・ファシリテーション
• チームコーチング

自分らしい
リーダーシップ
を発揮！！

図表6－5　リーダーシップ開発入門演習Ⅰ 概要（シラバスより）

【授業の進め方】
本講座では，「自分らしいリーダーシップとは何か？」を探求する。自己理解を深めると同時に，他者からのフィードバックを受け止め自身の成長に活かす，リーダーシップ開発の基本サイクルを理解し実践することをねらいとする。実際の問題を扱い，解決に向けた行動に取り組むミニプロジェクト形式を取り，受講生は，問題解決に必要とされる論理思考やリーダーシップについて学ぶ。
授業の各段階において，プレゼンテーション，ディスカッション，文書作成，授業内外のワークを行い，その後相互フィードバックと行動の振り返りを行うことで，自身の個性や強みを活かしたリーダーシップ持論の探究をめざす。自身のリーダーシップ開発に自律的に取り組むなかで，他者理解を深め，他者のリーダーシップ開発を支援するマインドと基本スキルを醸成し，後期のチームプロジェクトで自分らしくリーダーシップを発揮するための準備を行う。
全授業で教員とともに先輩学生である学生アシスタント（LA）が授業進行やアドバイスを行い，クラス全体のリーダーシップの学びをサポートする。

【到達目標】
• リーダーシップの発揮において，論理的思考や多様性を理解したコミュニケーションが必要であることを理解する。（知識・理解）○
• リーダーシップの発揮において，論理的思考と多様性を理解したコミュニケーションスキルを使えるようになる。（技能）◎
• 一般的なグループ活動プロセスを振り返り，それぞれがどのようなリーダーシップを発揮しグループの成果にインパクトを与えたのか，そして，その学びを今後の行動にどのように活かすのかを考え，共有することができる。（思考・判断・表現）◎
• 自分らしいリーダーシップの探究を通じて，グループ内や授業内における主体的な学びと他者との協働によって成長することへの関心，意欲，態度が醸成される。（関心・意欲・態度）◎

図表６-６Ⓐ　2020年度前期 リーダーシップ開発入門演習Ⅰ スケジュール

自分らしいリーダーシップの探究

SS	日付	内容	
SS1	6/5	オリエンテーション	自分らしいリーダーシップとは？
SS2	6/12	リーダーシップ実践スキル１	論理思考入門１
SS3	6/19		論理思考入門２
SS4	6/26		論理思考入門３
SS5	7/3		論理思考入門４
SS6	7/10	リーダーシップ実践スキル２	コミュニケーション１
SS7	7/17		コミュニケーション２
SS8	7/24		コミュニケーション３
SS9	7/31	リーダーシップ開発	探究と成果を伝える
SS10	8/7		自分らしいリーダーシップ探究 リーダーシップ持論の完成と宣言
SS11	補講（8/12）12:30～18:30	リーダーシップ実践	問題解決 ※質問会議セッション 社会人・他大学学生と連携し 集中講義形式で実施
SS12			
SS13			
SS14			
SS15			

Ⓒ共立女子大学ビジネス学部

図表６-６Ⓑ　2020年度後期 リーダーシップ開発入門演習Ⅱ スケジュール

プロジェクト型学習（ＰＢＬ）への招待

SS	日付	内容
SS1	9/25	オリエンテーション：リーダーシップ実践のイメージを掴む
SS2	10/2	プロジェクト課題の提示・多様性の考察
SS3	10/9	チーム活動キックオフ・チームビルディング
SS4	10/23	チーム活動計画・提案アイデアの要件理解
SS5	10/30	提案アイデアの改善・チーム活動実践のコツ理解
SS6	11/6	提案内容の具体化とプラン構築Ⅰ
SS7	11/13	提案骨子の考察とプラン構築Ⅱ
SS8	11/20	発表体験とフィードバック
SS9	11/27	中間発表
SS10	12/4	中間振り返り
SS11	12/11	プラン再構築とインタラクティブフィードバック
SS12	12/18	リハーサルセッション
SS13	1/8	本選：最終発表
SS14	1/22	チームプロセスとリーダーシップ振り返り
SS15	1/29	個人リーダーシップ振り返り

Ⓒ共立女子大学ビジネス学部

８日までの授業をどのように運営するのか，特にビジネス学部１年生にとって何が最善の学びとなるのかを５名の教員と14名の LA と共に考え続け，走りながら対応した。学内推奨の Meet ではなく，ブレイクアウト機能が整っていた Zoom を使用することや，通信環境が不十分な学生に対してどのような対応をするか等，当初から授業に付随する様々技術的な問題の対応に追われ，時間がいくらあっても足りない状態であった。

168名の１年生が，PC と通信環境に慣れ，Zoom を使って何とか授業に参加

写真6－4　オンライン双方向型授業風景「リーダーシップ開発入門Ⅰ」

できるようになるには，物理的な時間とそれまでの丁寧な対応が不可欠と考え，学内部署に相談し，5月の授業4回分を8月にまとめて補講として実施することに切り替えた。そうすることで，5月は各クラス受講生と連絡を取り，Zoom によるミニ相談会や懇親会を毎週行い，6月からの授業に不安なく取り組めるような時間とすることができた。（**写真6－4**）結果としてその補講が前期授業の学びのハイライトにもなった。ここからは，前期に起きた特徴的な点について，4月の LA 合宿と8月の補講の2点を取り上げる。

⑶　LA 合宿の成果：学生目線に立った Slack 活用の提案

4月初旬，当初の授業直前に予定していた LA 合宿は Zoom での開催となったが，午後2日間の議論やチームビルディングは大変効果的で，改めてこの想定外の環境をどのようにチームとして乗り切り，1年生を迎えるかということを一からチームで考える機会となった。合宿直後に LA から出てきたのは，学生の学びの支援と授業運営のために Slack を活用したいという提案だった。共立には LMS として kyonet があるが授業管理としては十分に活用できる反面，受講生同士，LA とのきめ細かなフィードバックや関係性構築には，特に1年生は不慣れな部分も多いと感じ，kyonet を何らかの形で補完するものが必要であるという認識に基づいている。とはいえ，LA たちも Slack を使いながら覚える日々を過ごした。その努力もあって6月の授業開始前には，ほぼ学生全員が自己紹介を終え様々な受講生との交流ができるようになっていた。夏前には受講生たち自身もすっかり日常的に使いこなし，今ではなくてはならないツールとなっている。余談ではあるが，驚くべきことは6月頃に全学が運営する学内プロジェクトに参加を始めた1年生が，早々に全学プロジェクトの運営にも Slack 運用が効果的だと考え，すかさず運営ツールとして事務局に提案し，その提案が採用されたということだ。このように，1年生が授業を通じて学んだことを，すぐに行動に移すことができるということを，双方向型の授業環境でも観察できたことは LA 教員共に嬉しく励まされることであった。

(4)　前期のハイライト：244名規模の補講プログラム

通常の双方向型授業は慣れるまでは緊張感の続く日々であったが，学生が授業に参加する環境も安定し，6月の後半には Zoom 内で授業をし議論を支援することなどには慣れてほぼ日常的な活動となっていた。

特別な取り組みは8月12日に実施した4回分の授業の補講で，授業と同様に Zoom を使用した6時間（12：30～18：30）の長時間に及ぶ，同時双方向型ワークショップである。（**図表6－7Ⓐ**）授業内容は前年までの第9回～第12回の質問会議分を取り出したものである。各クラス7チームに分け，各チームに AL（アクションラーニング）コーチと社会人または他大学の学生による問題提示者を立てたことで，参加者は学生も含めて総勢244名となる大規模プログラムとなった。その内訳は共立女子大学からは，ビジネス学部1年生（164名），LA 学生アシスタント（上級学生12名），職員（12名），他学部学生（6名），リーダーシップ担当教員（5名），ビジネス学部参観教員（3名），学外からの参加者（計42名）：社会人（企業，官公庁，大学・高校教職員）（25名），他大学（早稲田，立教，甲南女子）学生（17名）の計202名である。このように他大学でリーダーシップを学ぶ学生のみならず，大学におけるリーダーシップ開発のコミュニティに関わる方々に広くご参画をいただいた。参加者それぞれの気づきや感想は，リーダーシップ担当の教員（森理宇子）が実施した補講・調査アンケートから知ることができる（**図表6－7Ⓑ**）。

図表6-7Ⓐ　リーダーシップ開発入門Ⅰ 補講（SS11～SS14）概要書（例）

<table>
<tr><td>実施日程</td><td colspan="5">2020年8月12日（水）　12:30-18:30</td></tr>
<tr><td>学習ゴール</td><td colspan="5">• 質問会議を理解し実践できる
• 質問力の可能性と効果の理解を深める
• 質問力を上げる
• 自分で設定したLDS目標を達成する／できていないところを明確にする</td></tr>
<tr><td>事前準備</td><td colspan="5">【AL】全員：メモ用A4白紙，振り返りシート　コーチ：スクリプト
【教員・LA・ALC】問題提示者の問題。ALC，P，受講生組み合わせリスト</td></tr>
<tr><td rowspan="5">課題</td><td>内　容</td><td>形　式</td><td>提出先</td><td>期　限</td><td>メ　モ</td></tr>
<tr><td>リアペ「質問会議で学んだことを，今後自分のリーダーシップ開発にどう役立てるか」</td><td>コメント</td><td>Slack</td><td>8/14㈮23:59</td><td>担当：</td></tr>
<tr><td>質問会議体験レポート</td><td>Word</td><td>Kyonet</td><td>8/18㈫23:59</td><td></td></tr>
<tr><td>SBIフィードバック</td><td>PPT</td><td>Kyonet</td><td>8/18㈫23:59</td><td></td></tr>
<tr><td>アンケート（2種類）</td><td></td><td>Kyonet</td><td>8/14㈮23:59</td><td>授業アンケート，調査</td></tr>
</table>

番号	アジェンダ	詳　細	メ　モ	所要時間	開始時間	終了時間	担　当
	準備	• Zoomに参加（名前表記注意） • 名前変更 • レコーディング，肖像権確認 • 出欠確認					教員＆LA LAが全体ファシリ
1	オープニング	【5クラス合同】 ①開講（1分） ②LSグループリーダー岩城先生ご挨拶（3分） ③ビジネス学部の先生のご紹介（2分）荒井先生，藤野先生 ④各クラス紹介（先生の一言，各クラスLAまたは受講生から，1分/1クラス）（8分） ⑤補講の流れ（2分） ⑥リーダーシップ三要素（1分）		0:17	12:30	12:47	【全体Zoom URL】 教員＆LA LAが全体ファシリ
2	各クラスへ移動 クラスオープニング	クラスルール，クラス目標確認		0:04	12:47	12:51	【各クラスZoom部屋】 教員＆LA

3	スピーチ	ブレイクアウト ２グループに分かれて実施 ①画面共有 ②スピーチ　3分 ③質問（1，2人）1分 ④受講生，LA，先生から FB　3分	スピーチ担当：4人 タイマネ：	0:15	12:51	13:06	教員＆LA
4	ゲスト紹介	ゲスト（ALC, P）入室 コーチ・ゲスト紹介　3分 アイスブレイク　12分		0:15	13:06	13:21	教員＆LA ゲスト
5	質問会議	①解説 ②授業の進め方		0:08	13:21	13:29	教員＆LA ゲスト
	休憩			0:15	13:29	13:44	
6	質問会議①	ブレイクアウト ①問題提示者，ALC 紹介　5分 ②質問会議　45分	アクションプラン・アイスブレイク除く。受講者メンバーは固定 LA のいるグループはレコーディング⇒後日 Slack にアップ	0:50	13:44	14:34	教員＆LA ゲスト 受講生 ALC（サブコーチ付ける） 受講生問題提示者
6	質問会議①	クラス全体 ④【クラス】振り返り　10分	7チームの学びを引き出す	0:10	14:34	14:44	教員メインファシリ
	休憩	問題提示者・ALC 移動		0:15	14:44	14:59	
7	質問会議②	ブレイクアウト ①問題提示者，ALC 紹介　5分 ②質問会議　55分	⑨生活への応用除く（55分）受講者メンバーは固定 LA のいるグループはレコーディング⇒後日 Slack にアップ	1:00	14:59	15:59	教員＆LA ゲスト
7	質問会議②	クラス全体 【クラス】振り返り　15分	7チームの学びを引き出す	0:15	15:59	16:14	教員メインファシリ
	休憩	問題提示者・ALC 移動		0:15	16:14	16:29	
8	質問会議③	ブレイクアウト ①問題提示者，ALC 紹介　5分 ②質問会議　55分 ③【チーム】振り返り　15分	⑨生活への応用除く（55分） 受講者メンバーは固定 LA のいるグループはレコーディング⇒後日 Slack にアップ	1:15	16:29	17:44	教員＆LA ゲスト
9	振り返り	クラス全体 【クラス】振り返り　15分 質問会議の振り返り共有	7チームの学びを引き出す	0:15	17:44	17:59	教員メインファシリ
9	質問会議まとめ	AL コーチ・ゲストからメッセージ　3分 教員のまとめ　1分 ゲスト（ALC, P）退室⇒お礼・別		0:04	17:59	18:03	教員＆LA ゲスト

		室にてアンケート実施					
	休憩	ゲスト移動		0:05	18:03	18:08	
9	振り返り	【クラス】振り返り　5分 本日の授業の学び振り返りと発表準備（5分）		0:05	18:08	18:13	教員＆LA
10	クラスクロージング	①課題説明 ②担当教員のまとめ ③合同クラスへ移動（2分）		0:05	18:13	18:18	教員＆LA
11	エンディング	【5クラス合同】 ①各クラスから本日の授業の学び（受講生の発表）　1分×5 ②ビジネス学部の先生の一言 ③学部長ご挨拶（動画）　3分	全体ファシリ早めに入る 18:15までにZoomをオープンする。	0:12	18:18	18:30	【全体 Zoom URL】教員＆LA LA が全体ファシリ
12	アンケート	アンケート実施					

図表6－7Ⓑ　補講・調査アンケートより抜粋（ビジネス学部　森理宇子）

LA・参加者の当日の振り返り

- 普段発言が少ない受講生も活発に参加していた。「質問会議で発言できた！」という成功体験を作れた。質問会議の熱気と楽しさで，おとなしい学生を巻き込めたのかもしれない。
- 受講生の発言量が多く，他大学の学生が驚くほどであった。
- 外部ゲストが参加してくれたことで，授業に活気がもたらされた。受講生は社会人の方から大いに刺激をうけていた。
- 教員やLAから授業中に少しずつ質問のコツを伝えることで上達が早まり，受講生が工夫して質問することができた。受講生自身も質問力の向上を実感できたようだ。
- 振り返りの時間をもっととりたかった。
- 半日間の短い時間であったが受講生の学びは大きかった。

外部ゲスト（社会人・他大学学生）のコメント

- 3回の質問会議を終えて，受講生の成長を感じられた。質問会議の回を重ねるごとに質問力が上がり積極性が増して，自信をもって外部ゲストとコミュニケーションをとれるようになっていった。また，チームワークが向上し，フィードバックの質も上がった。
- 参加することによって良い刺激が得られた。感謝している。

受講生のコメント

- 質問会議を通じて質問の大切さが分かった。また，自己理解が進んだ。半日の長時間であったが集中して授業を受けることができて，成長を実感した。

これらのコメントから言えることは，この大規模な補講授業によって，複数の点で通常の授業とは異なる学びと学びの環境をつくることができたということであろう。例えば，4回分の補講を6時間にまとめたことで，学生の理解，促進が速やかに行われ，参加者からもその成長が見えやすかった。第二に，このような規模で実現できたのは，(1)～(3)で述べた双方向型授業形態の経験の積み重ねのおかげである。対面よりも参加してもらいやすい環境となり，東京以外に在住の社会人や他大学生の参画があった。バーチャルの空間だからこそ，全員が参加する時間をあえて用意し，学生が日々の授業では体験できないような学びの一体感を体験してもらうこともできた。さらに90分授業の時間配分は活かしつつも6時間という長さのグループワークを行うために，休憩時間や内容のメリハリを意識するなど，通常の授業設計とは異なる工夫に取り組むことができたのである。このように現場レベルの学びや発見を拾い出すといくつもある。コロナ禍においてできなくなったことは数え切れないが，この補講では，この環境下だからこそできたと感じることも本当に多かった。それを生み出すことができたのは，やはりここでもLA教員職員間のチーム連携の力である。244名規模のイベントの運営は，まさに運営チームにとってのPBLそのものであり，それぞれのリーダーシップが試される機会でもあった。

(4)　後期：対面型授業「リーダーシップ開発入門演習Ⅱ」

後期は一転して，対面の授業も認められた。但し感染状況などによって授業形態が変わる可能性も考慮し，双方向型でも授業ができるようにしておくなど，例年よりも準備が必要だった。前期，補講も含めて双方向型でどのような授業が行えるかを体験していたため，そのまま双方向型で授業を行う選択をする方が楽な選択だったかもしれない。しかし，4月の入学以降，体育などを選択した一部の学生以外は，対面授業を経験していないことを考えると，学生に今後，卒業までの4年間の大学での学びに積極的に取り組んでもらうためには，何とかリーダーシップ科目は対面で実現すべきなのではないかと，とにかく対面でグループワークを実現できる方法や手段を考えた。

まずは当然ながら，全ての学生が来校できるのかを確認するために，コミュ

写真6－5　対面型授業風景「リーダーシップ開発入門実習Ⅱ」

ニケーションをとることが必要になった。これは前期全ての学生の通信環境を確認したのと同様で，後期開始には不可欠なプロセスだったと言える。また当初予定していた教室の倍の広さの教室を確保しなおし，学部生全員に（当時有用と認識された）フェイスシールドを用意した。そして毎授業，マスクとの併用や適切な着用を伝えるなど，開始した授業を中断せずに後期最終回まで実施できるよう，LA や教員からも目配りと注意をはらった。このような地道な活動は，学内ガイドラインと実現したいグループワーク環境を照らし合わせながら，学部独自のルールも設け，LA や教員，助手室が一丸となって取り組んだ。（**写真6－5**）

しかし授業は都内の感染状況を踏まえて，形態を何度も変えざるをえなくなった。12月は感染拡大の結果，同時双方向型に切り替え，年明けの企業向けプレゼンテーションは対面授業とし，その後は同時双方向型に戻すなど，当時できる最善策をとるようにした。他方，学生の授業への取り組みは前向きで，対面授業自体が少ないため，対面授業環境を楽しむ様子が見て取れた。前期双方向授業で関係性構築ができていることも影響し，いずれのクラスにおいても，議論が活発でグループワークでもてきぱき作業し発表をする様子も観察できた。ビジネス学部1期目でもあり，今年度のような特殊な環境（前期双方向型，後期一部対面型）ではなかったらどうだったか，というのは比較のしようがないが，

1年間を終えて，前期双方向型と後期対面型という組み合わせ形においても，リーダーシップ科目で実現したい学びは多くの工夫次第で達成できることが確認できた。

その他の取り組みとしては，専門領域との融合の観点で，マーケティング分野の専任教員のレクチャーを授業内に組み込んだり，LA への勉強会を行った。ビジネス学部としては，夏休み明けの9月にアカデミックアドバイザー（専任教員による学生と教員の1対1の担任制度）による全員面談（必須）を基本的には対面で行った。リーダーシップ授業としては，学生に対して，後期から始まった対面授業への不安や悩みごとを想定して，クラスごとに引き続き LA による何でも相談会を行ったりもしていた。他大学とのリーダーシップ関連の活動や勉強会（主に Zoom）も行われ，LA から積極的に声をかけた結果，1年生の参加もちらほらみられるようになった。このように授業運営を軸に様々な取り組みを同時に行うことで，学生のリーダーシップの発揮が行われやすくなる環境づくりをめざした。

11　2021年度，今後の課題と展望

2017年度からの取り組みの積み重ねによって，授業自体は安定的に運営できている。双方向型授業への転換が行えたのも，LA と教員共に授業運営に関する蓄積があったからだと考える。2020年度はビジネス学部1年生の LA になる意欲が高く，例年以上に早いタイミングで来年度の LA になりたいという声が届いた。その結果2021年2月には19名の新 LA（21年度ビジネス学部2年生）が誕生した。

課題と展望は6点ある。まず，受講生に関することだ。意識の高い学生が多い一方で，必須科目であるがゆえにやらされ感を持つ学生は一定数存在する。また自己肯定感の低い学生も見られる。彼女たちがリーダーシップの重要性を理解し，学ぶ意欲を今より少しでも高められるような工夫が必要だ。

2点目は LA と LA チーム運営に関わることだ。2021年度は前期に2年次必須科目がスタートした。教養科目のリーダーシップも4クラス同時運営となり，1年次の5クラスを加えると，常時リーダーシップ科目が3コース14クラ

ス走っている。他学部の先輩 LA（11名）と2020年度生から採用した LA（19名）と，教員，助手室，職員がチームを組み，一丸となって授業運営を行っていく総勢40名強の大きな体制だ。1年次科目，2年次科目，教養科目それぞれの LA チームが立ち上がったが，同じリーダーシップ科目として，相互に支援を行い，学び合う環境はまだまだこれからだ。権限なきリーダーシップを学んでいる学生達ではあるが，LA チームのリーダーを担える人材を育成することも急務である。

3点目は専門領域との融合である。ビジネス学部1期生が2年生になり，ここからは3年次のゼミの選択等を見据え，学生は専門領域をより深く学ぶ学年となる。1年半学んだリーダーシップを専門領域の学習にどのように活かすのか，先輩学生がいない2年生がリーダーシップを副専攻とするための取り組み方について，教員も一緒に考えていかなければならない。

4点目は授業内容に関する点で，リーダーシップにおける市民性・倫理性をどのようにプログラムに組み込むかという点である。市民性・倫理性に関しては，教員から適宜伝えてはいるが，プログラムコンテンツとしての組み込みがまだ実現できていない。今の時代だからこそ，社会に出る前に理解を深めて欲しい内容でもあるので，今後どのように設計に反映するか検討が必要である。

5点目は高大連携の更なる推進である。大学生のリーダーシップ開発を推進する大学として，高校生への教育の多様化・選択肢の拡大の一端を担い，高校生のうちから大学レベルのリーダーシップ開発に触れる機会を提供したい。すでに LA や高校教員からの提案もあり，夏期・冬期講座などでの連携も始まっている。併設校の一つが敷地内にある立地を生かし，意欲ある学生の提案を柔軟に受け入れ，学園内コラボレーションが実現できるように，今まで以上に教職連携で取り組むことが望ましい。その際にリーダーシップ科目の果たす役割は大きいと考える。

6点目は他大学との連携である。共立女子大学において丸3年間でこれだけのリーダーシップ科目を構築できたのは，リーダーシップを学ぶ他大学の学生や教員，職員の支援があったからである。引き続き学内のカリキュラムを安定し充実した内容とすることをめざすと同時に，共立女子大学からも他大学への支援ができるようなLAの育成をめざしている。近い将来女子学生が他大学の環境でもリーダーシップを発揮し活躍している状態はぜひ実現したい理想の姿の一つでもある。

ハイフェッツは「人生をリーダーシップの実験室と考えよう」(2017) と説いたが，私は女子学生たちに「大学生活をリーダーシップの道場と考えよう」と伝えたい。まずは他でもない教室のなかで様々な技を試すことを楽しんでほしい。試すなかで，高校時代にも既にできていたことも見つかるはずだ。様々な経験をしていたにも関わらず，それをリーダーシップととらえることができていなかっただけなのだ。学び始めると，過去に体験したことの見え方が変わり新しい経験に生まれ変わる瞬間にも出会える。そして，「自分を動かす原動力を認識し，チームの中で力を発揮する」ことをクラスのメンバーと共に存分に体験してほしい。リーダーシッププログラムの開発者としては，このような気づきと学びのプロセスを学生が仲間と一緒に共有できる道場のような授業をこれからも作り上げていきたいと考えている。

(岩城奈津)

参考文献

安東由則 (2017)「日本における女子大学70年の変遷——組織の変化を中心に」武庫川女子大学教育研究所　研究レポート　第47号　1-31。
伊賀康代 (2012)『採用基準』ダイヤモンド社。
稲澤裕子「女子大学の現代的意義を探る」(2020) 研究成果報告書2019年度，社会情報大学院大学　広報・情報研究科。
石原直子 (2014)「新人女性を確実にリーダーに育てるシナリオ」大久保幸夫，石原直子編著『女性が活躍する会社』127-154，日本経済新聞出版社。
大槻奈巳 (2011)「いまどんな女性人材が求められているのか」『NWEC 実践研究』1, 20-35。
ガーズマ，J・ダントニオ，M (2013)『女神的リーダーシップ　世界を変えるのは，女性と「女性のように考える」男性である』(有賀裕子訳) プレジデント社。
カールガード，R・マローン，M. S. (2016)『超チーム力』(濱野大道訳) ハーパーコリンズ・ジャパン。
学校基本調査

https://www.mext.go.jp/b_menu/toukei/chousa01/kihon/kekka/k_detail/1419591_00001.htm
令和元年度結果の概要（2021年5月25日閲覧）
金井壽宏（2002）『仕事で「一皮むける」』光文社新書。
川山竜二（2018）「忘れがちな教育事業の『特殊性』参入のポイントは『理念』形勢」，『事業構想』ウェブサイト（2020年10月20日取得）。
共立女子大学・共立女子短期大学『OFFICIAL GUIDE』2019。
共立女子大学・共立女子短期大学『OFFICIAL GUIDE』2020。
共立女子大学・共立女子短期大学『OFFICIAL GUIDE』2021。
共立女子大学・共立女子短期大学『OFFICIAL GUIDE』2022。
共立女子学園報告 61。
共立女子学園報告 62。
共立女子学園報告 63。
コミベス，S.R.・ルーカス，N・マクマホン，T.R.（2017）『リーダーシップの探究』（日向野幹也監訳・泉谷道子・丸山智子・安野舞子訳）早稲田大学出版部。
男女共同参画白書平成26年版
http://www.gender.go.jp/about_danjo/whitepaper/h26/zentai/index.html
研究者の女性割合の国際比較（2020年10月30日閲覧）
男女共同参画白書令和元年版
http://www.gender.go.jp/about_danjo/whitepaper/r01/zentai/index.html
管理職に占める女性比率の国際比較（2020年10月30日閲覧）
津田塾大学ダイバーシティセンター・フォー・インクルーシブリーダーシップ
https://dcfil.tsuda.ac.jp/（2021年10月24日閲覧）
中原淳監修，高橋俊之・舘野泰一編著（2018）『リーダーシップ教育のフロンティア――高校生・大学生・社会人を成長させる「全員発揮のリーダーシップ」研究編』北大路書房。
中原淳監修，高橋俊之・舘野泰一編著（2018）『リーダーシップ教育のフロンティア――高校生・大学生・社会人を成長させる「全員発揮のリーダーシップ」実践編』北大路書房。
ハイフェッツ，R.A.・リンスキー，M.・グラショウ，A.（2017）『最難関のリーダーシップ――変革をやり遂げる意志とスキル』（水上雅人訳）英治出版。
日向野幹也（2013）『大学教育アントレプレナーシップ――新時代のリーダーシップの涵養』ナカニシヤ出版。
日向野幹也，松岡洋佑（2018）『増補版 大学教育アントレプレナーシップ――いかにリーダーシップ教育を導入したか』ブックウェイ。
堀井紀壬子（2017）『女性社員のやる気を引き出すセルフ・エスティーム』幻冬舎。
森理宇子「8/12 補講：質問会議まとめ」（2020/9/5）
ユニヴプレス「失敗を恐れず挑戦し周囲を巻き込むリーダー像――昭和女子大学」

https://univpressnews.com/2021/08/18/post-7928/（2021年10月24日閲覧）

リクルートワークス研究所（2013）『提案 女性リーダーをめぐる日本企業の宿題』株式会社リクルートホールディングス。

Global Gender Gap Index Global Gender Gap Report 2021
https://jp.weforum.org/reports/global-gender-gap-report-2021（2021年5月25日閲覧）

GLOBAL NOTE（2018）「G20 女性管理職比率国際比較統計ランキング」
https://www.globalnote.jp/post-14102.html（2019年1月7日閲覧）

Kouzes, J. M., & Posner, B. Z (1988), *Leadership challenge*. San Francisco, CA : Jossey-Bass. クーゼス，J. M.・ポズナー，B. Z.（2010）『リーダーシップ・チャレンジ』（金井壽宏 監訳・伊東奈美子訳）海と月社。

Krambelkar, M., (2014), *Supercharged Quality : Transform Passive Quality into Passionate Quality*, PARTRIDGE.

第7章 PBLを基幹科目とする新学部の挑戦：桃山学院大学

1 はじめに

私は，実務家教員として2019年4月より，桃山学院大学経営学部ビジネスデザイン学科（現ビジネスデザイン学部）で教鞭をとっている。実務では企業の経営リーダー育成のための教育プログラムやコンサルティングサービスを提供しながら，イノベーションや起業活動を促進する事業体の経営にも携わっている。桃山学院大学ビジネスデザイン学部では，Project Based Learning（PBL）授業のプログラム責任者を務め，その他にも経営戦略，ビジネスリーダーシップ，問題解決法といった科目を学生に教えている。

桃山学院大学ビジネスデザイン学部で教えることになったきっかけは，2015年から2019年まで立教大学のリーダーシップ開発プログラム（BLP）に教員メンバーの1人として携わらせていただいたことにある。私自身，この立教大学のプログラムに大きな衝撃を受けた。受講生や Student Assistant の主体性と当事者意識の高さを目の当たりにし，教育の新しい可能性を実感することができた。この立教のリーダーシップ教育をモデルにして新たに設立されるという桃山学院大学の新学部で，ビジネスデザインとリーダーシップを融合した独自の教育プログラムを創ることにやりがいを感じ，お声がけいただいてすぐに挑戦を決めた。

私の専門は経営学（経営戦略とリーダーシップ論）であるが，元々経営学と同じかそれ以上に教育というテーマに強い関心があった。長期にわたって社会に必要とされる魅力的な企業を創る上では，その事業を興すリーダーとそこで働く人々の人間的成長が欠かせないと実感していたからだ。経営学と教育学は不可分の関係にある。そういう意味で，経営実務の現場にいた自分が今，大学生のリーダーシップ教育にも携わっているのは必然的な流れと言えるかもしれない。

実務をしながら大学で教鞭をとることはかなりの負荷がかかる。ビジネスの面で時間的な制約を受けることも多い。しかし，社会で起きていることをリアルタイムで教育現場に紹介し，優れた学術的バックグランドを持つ教員チームと意見を交換しながら協力して授業を作り上げていくプロセスはとても刺激的だ。「ビジネスの現場で生まれる知」と「教育機関で生み出される知」をつないで起業家やリーダーの育成に貢献できる充実感がある。

これからご紹介する桃山学院大学のビジネスデザイン学部では，まさにその実践教育と理論教育をバランスよく融合させ，ビジネスデザインとリーダーシップの両面で高い能力を持つ人材を生み出そうとしている。それらのテーマがこの学部でどのように教えられているか知っていただき，少しでもお役立ていただければ幸いである。

2　桃山学院大学ビジネスデザイン学部について

(1)　設立の経緯

明治維新の頃に来日した英国人宣教師たちの活動にルーツを持ち，教育機関として120年以上の歴史を持つ桃山学院は，1959年（昭和34年）に桃山学院大学（経済学部経済学科）を大阪市阿倍野区昭和町に開学した。建学の精神は「キリスト教精神に基づく世界の市民の養成」であり，教育ビジョンは「地域で，世界で，人を支える」である。現在は大阪府和泉市まなび野に本部を置くが，2019年度，関西初の「ビジネスデザイン×リーダーシップ教育」を掲げ，大阪市内に経営学部ビジネスデザイン学科を新設した。2020年9月に発祥の地である大阪市阿倍野区昭和町に革新的なデザインのキャンパス「あべのビジネスデザインラボ（BDL）」（**写真7-1**）を開設し，2021年4月には，ビジネスデザイン学部として学生数も一学年あたり70名から200名に増加している。

(2)　ビジネスデザイン学部の教育目的

ビジネスデザイン学部の教育目的は，「社会をよりよくするビジネスを実際に創り出すことができる人材」の育成である。企業や自治体との連携による多彩

写真7－1　あべのビジネスデザインラボ（BDL）

（出所）桃山学院大学ビジネスデザイン学部ホームページより

な Project Based Learning 型学習（課題解決型学習，以下 PBL）を通して答えのない問いに取り組み，新しいビジネスの仕組みをデザインすることで自ら答えをつくり出していくリーダーを数多く生み出すことをめざしている。大阪のビジネス中心地近くに独自の拠点（あべのBDL）を置き，実業界の様々な分野で活躍する方がアクセスしやすい環境を整え，学生と社会人との協働学習環境を築いている。

ビジネスデザイン学部では，当学部で自然に身に付く三つの力として，以下を掲げている（**図表7－1**）。

①「クリエイティブ力（ゼロからイチを生み出す力）」
②「高度なコミュニケーション力（人間関係の中で共感しあえる力）」
③「やり抜く力（強い意志と責任を持って実現する力）」

解決困難な課題に対し，学生，教員，社会人とでコミュニケーションをとりながら，チームでアイディアを生み出すスタイルの授業が圧倒的に多い本学部では，文字どおり，これら三つの力が試されることの連続である。教員間でもよく話題になるが，クリエイティブなアイディアを生む力とコミュニケーション力に加え，3番目の「やり抜く力」があるかどうかがプロジェクトの成果を決めることは間違いない。才能やスキル以上に，最後は人としての責任感や意志の力が成否を分けることは実際の事業立ち上げの現場とまったく同じである。本学部で，入学審査，入学後のオリエンテーション，授業活動で一貫してこれら三つの力を重視したプログラムが組まれるのは，そのためである。

図表7-1　3つの力

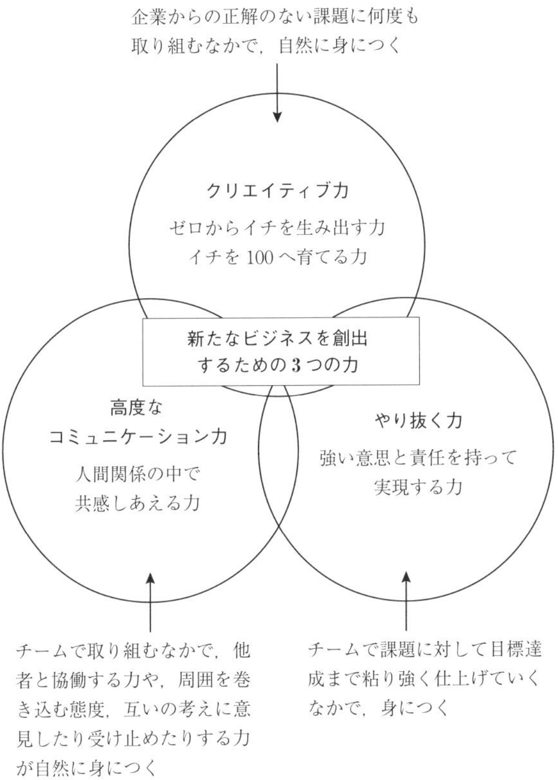

企業からの正解のない課題に何度も
取り組むなかで，自然に身につく

クリエイティブ力
ゼロからイチを生み出す力
イチを100へ育てる力

新たなビジネスを創出
するための3つの力

高度な
コミュニケーション力
人間関係の中で
共感しあえる力

やり抜く力
強い意思と責任を持って
実現する力

チームで取り組むなかで，他
者と協働する力や，周囲を巻
き込む態度，互いの考えに意
見したり受け止めたりする力
が自然に身につく

チームで課題に対して目標達
成まで粘り強く仕上げていく
なかで，身につく

(2)　ビジネスデザイン学部設立にこめられた思い（学長メッセージより）

今回の執筆にあたり，桃山学院大学　牧野丹奈子学長にビジネスデザイン学部設立に至った背景について聞いた。以下，学長自らが語った，設立の背景にあった思いと，設立後2年を経た現時点での手応えについてご紹介する。

牧野丹奈子学長より　新学部設立の背景と現時点での手応え

「今日の社会ではあらゆる問題が不安定・不確実・複雑・曖昧なものとなっているため，問題の本質と解決方法がわかりにくくなっています。一方で，IT を中心とした技術革新が急速に進んでいます。このような社会では，過去の成功体験や線形的な将来予測に，もはや意味がありません。大事なことは，新しい価値を生み出すことです。つまり『分析する』ではなく，『つくる』ことが求められるということです。

ところが，大学の文系の学びを見わたしてみると，『分析する』ための学びは多くありますが，『つくる』ための学びはほとんどないと感じました（これは理系の学びとの大きな違いでしょう）。そこで『ビジネスをつくる』ことを学ぶ学部をつくりたいと考えました。それがビジネスデザイン学部です。ここでいうビジネスは，社会に対して価値を持続的に生み出す活動のことを指します（ちなみに，ビジネスの力で社会の多くの問題を解決できると私は考えています）。

では，ビジネスデザイン学部では一体何を教えるのか。今日は知識や理論のほとんどがネット上に載っています。決まりきったことを教えることに，もはや意味はありません。そこで，ビジネスデザイン学部の学びの中心を「1. 思考方法」「2. 実践力」「3. マインドセット」の３つに定めました。このうち，３の「マインドセット」を身につけてもらう為の基盤にしたのがリーダーシップ教育です。PBL を通してのリーダーシップ教育によって，新しいマインドセットを主体的に学べるようになります。これはまさに，ビジネスデザインの学びにぴったりだと思い，すぐに必修の基幹科目に取り入れることを決めました。

２年間実施した今，実感するのは，リーダーシップ教育の思った以上の効果です。たとえば一定数の学生が，日常生活における自分の考え方や行動の変化を感じています。また，リーダーシップ教育に関わる教職員も，マインドセットを変化させているように感じます。今後もビジネスデザイン学部ではリーダーシップ教育を不断に見直し実施しながら，新しいビジネスをつくる熱意溢れる人材を数多く育てていきたいと思います。」

3　プログラムの特徴と目標

(1)　西日本最大規模の学部必修 PBL プログラム

2019年の開学から2021年３月までは，経営学部ビジネスデザイン学科として，計約70名の学生数，３クラスで運営されていた。2021年４月からは，入学者定員が200名に増員され，クラスも８クラス体制となっている。2021年10月時点で西日本最大規模の学部必修 PBL として，様々な企業，地方自治体，地域コミュニティの皆様と連携・協力しながら，活動範囲と実社会との接点を拡大している。

PBL１回あたりの授業で割いている時間数も長い。１コマ90分の授業を２コマ連続で実施し，１学期計15回（30コマ）の授業が行われ，取得単位は年間合計８単位である。この時間の長さは，本学部が目指す「ビジネスデザイン」と「リーダーシップ」双方の充実した教育をする上で不可欠と言える。どの大学においても，PBL 科目を担当される教員は感じるかもしれないが，１回１コマ90分の時間内で，ビジネスに関する学びとリーダーシップに関する学びを両立させることは容易ではない。90分の授業で，ビジネススキルや知識を確認する時間を持ちながら，グループワーク，リーダーシップの振り返りまで行うことは時間的に難しいため，どちらかに偏重し，どちらかが手薄になってしまうことも少なくない。

その点，本学部では90分を２コマ連続で行うことで，ビジネスデザインスキルの修得，クライアント企業メンバーとのディスカッション，グループワーク，発表，リーダーシップの振り返りなどを，時間を気にせず存分に行うことができることは利点であり，特長である。

ビジネスデザイン学部 PBL 科目の構成は，下記のとおりである。

（１年生）春学期：PBL 入門Ⅰ，秋学期：PBL 入門Ⅱ

（２年生）春学期：PBL 応用Ⅰ，秋学期：PBL 応用Ⅱ

毎週火曜は，午前，午後にそれぞれ「PBL 入門編」「PBL 応用編」が開講される「PBL Day」となる。２年生で Learning Assistant（LA）の役割を担ってくれる学生は，受講者として PBL 応用編に取り組み，その前あるいはその後に LA として1年生向けの授業のリードやサポートを行うという忙しさである。

(2)「ビジネスデザイン力」「リーダーシップ」の両面を伸ばす

企業の経営層や人材育成担当者に「今どのような人材が必要か」と訊ねれば，ほぼ誰もが「新しいビジネスを構想できる人」「リーダーシップを発揮し，他者の力を生かし，チームで成果をあげられる人」と答えるのではないだろうか。筆者自身，長年企業の変革や新事業立ち上げの現場に立ち合ってきたので，このような現場の切実な人材ニーズを実感している。社会の至る所で不足しており，必要とされている人材を多数育成するために，ビジネスデザイン学部の PBL では，ビジネスをデザインする力とリーダーシップの双方を偏りなく伸ばすことをめざしている。こうしたこともあり，ビジネスデザイン学部では，人材の輩出にあたり，

- 新事業をゼロから起こす起業家
- 企業内で新ビジネスを企画・提案・実行できる人材
- 公務員・NPO 職員でありながら企画力を発揮できる人材
- 既存事業を継承・改革できる人材

を強く意識している。

(3) 多様な企業と連携した実践教育――社会人と共に学び合える環境を

普段の授業で，多種多様な業界の方々と学生が触れ合う機会が多いのも，ビジネスデザイン学部の特徴である。2021年10月現在，開学2年半ですでに70以上の組織と授業内外で連携している。提携先企業は，大企業，スタートアップ企業，中小・中堅企業，自治体，公的機関，非営利組織（NPO）など様々で，業種も製造業から IT サービス，飲食，農業，金融，スポーツ，都市開発など多岐にわたる。連携のしかたも，PBL 科目でのクライアント企業としての関

写真7－2　大阪府健康医療部との協働 PBL の様子

（出所）桃山学院大学ホームページ，Facebook ページより

わりだけでなく，2年次から必修科目となるインターン，また学外での様々な連携プログラムなどがある。

例えば，2019年には，学外 PBL プロジェクトとして，大阪府健康医療部と連携し（**写真7－2**），「大阪府民の健康向上のために，府内での野菜摂取量を従来の2倍に増やす方法をアイディアの形で提案せよ」というテーマに有志学生が取り組んだ。予選を突破したチームは通常の授業時間外にリサーチを進め，提携先候補企業と電話会議を行い，プランを取りまとめ，最終的には大阪府庁でプレゼンし，職員の方々とディスカッションする機会をいただけた。実際に食ビジネスを手がけるスタートアップ企業と府が連携して野菜摂取量を増やす事業プランであったため，その後もスタートアップ企業，また大阪府との間で提携を模索していただくなど具体的なステップまで進んだプロジェクトとなった。

多くの企業にサポートいただけている背景としては，「企業の皆様と一緒に課題を解決する存在でありたい」という本学部の思いを理解していただけていることが大きい。新たなビジネスをデザインする力とリーダーシップは，全ての企業に共通する課題である。しかしながら，多くの企業の現場を見ていると，ビジネスのデザインについて体系的に社内で方法論が語られている例は少ない。ビジネスデザイン学部という教育の場に関わっていただくことで，企業人の皆さんも共に考え，その答えを一緒に探してくださっているように見える。

一方，ビジネスをデザインする力だけでも足りない。これも実業の世界でよく起こることだが，ビジネス立案の筋がよくても，「チームが崩壊して」「リーダーシップが迷走して」せっかくの優れたビジネスアイディアが社会に還元されないことが多い。ビジネスデザイン学部の学生から社会人の皆様への質問は，

図表7－2　PBLと他授業の連携

全科目で学んだ知識やスキルがPBLで生かされ，発揮されるよう，授業間で連携。

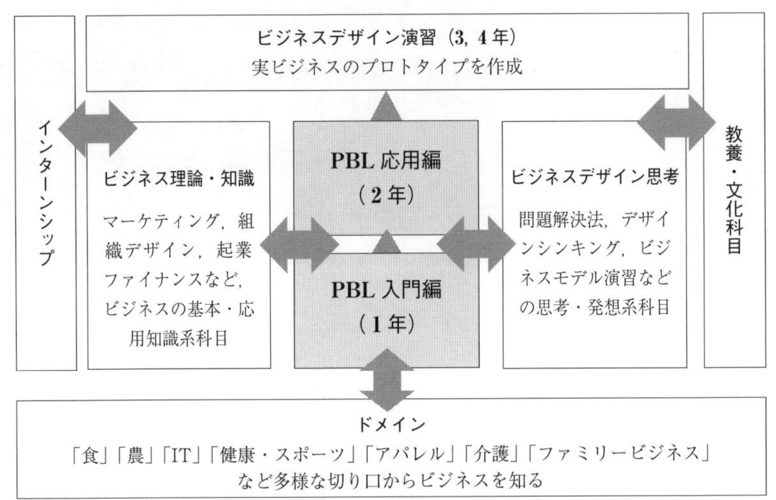

（出所）桃山学院大学ビジネスデザイン学部広報資料をもとに，筆者作成

ビジネスに関するものだけでなく，リーダーシップに関するものも多い。「考え方の違うメンバー同士でどう意見をまとめるのか」「チームを率いる上で最も意識をしていることは何か」といった質問である。リーダーシップに関する質問を学生からストレートに聞かれることで，社会人の皆様も現場で忘れがちになっている重要なことに気づいていただけると言う。これこそ，ビジネスデザイン学部PBLがめざす「学生も社会人も学び合う」教育のあり方である。

(4)　全ての授業の学びがPBLへ統合されるカリキュラム設計

桃山学院大学ビジネスデザイン学部の最大の特徴は，カリキュラムの統合性である（**図表7－2**）。既存の学部にPBL科目や，ビジネスデザイン的要素が追加されたのではなく，誕生の瞬間からそれらを基軸に全体カリキュラムが設計されている（**図表7－3**）。PBLとビジネスデザイン演習に知が集結するよう，学部全体のカリキュラムが設計され，授業間/教員間での情報連携も活発に行われることが最大の特徴だと言える。これらの図からもお分かりいただけるとおり，

図表7-3　ビジネスデザイン学部科目一覧

《ビジネスデザイン演習》
ビジネスのプロトタイプを作成する（DPの達成度をはかる）
3～4年次　デザイン演習Ⅰ　デザイン演習Ⅱ

《インターンシップ》
3年次　インターンシップⅡ　ビジネスを企画し実践する
2年次　インターンシップⅠ　現場の課題を解決する

《ビジネス理論・知識》
ビジネスを社会でスタートするための理論と知識を習得する
プロジェクトマネジメント
マーケティング実践
ビジネスの社会性，
アカウンティング実践
ビジネスと法
ビジネスライティング，商品企画，
グローバルビジネス，経営戦略，
ビジネスコミュニケーション

ビジネスの要素を整えるための基本的な理論と知識を習得する
1年次～2年次
起業とファイナンス
テクノロジーとイノベーション
組織デザインと人事管理
プレゼンテーション
マーケティング，アカウンティング，
ビジネス英語応用，
フィールドワーク
ビジネス英語基礎，IT 基礎

ビジネスデザインに必要な理系知識を習得する
2年次～4年次
プログラム開発，統計・データ分析，
バイオ・農林水産，
環境・エネルギー，仕事で使う数学

《ビジネスデザイン実践》
ビジネスをシステムとして捉えながら，社会人と共に課題解決を実践する（PBL）
2年次
PBL応用Ⅰ　PBL応用Ⅱ

課題解決のプロセスやスキルを活用し，社会人と共に，課題解決に取り組む（PBL）
1年次
PBL入門Ⅰ　PBL入門Ⅱ

《ビジネスデザイン思考》
ビジネスをシステムとして捉えることを修得する
2年次～3年次
デザインシンキング
ビジネスモデル演習
問題解決法
ビジネスモデル
ビジネスモデル実践
ロジカルシンキング

課題解決のための基本的なプロセスとツールを習得する
1年次
ビジネス基礎
ビジネスリーダーシップ

《教養・文化》
教養を身につけ，ビジネスデザインに必要な感性・美意識を鍛える
1年次～4年次
イラスト・絵画
将棋・囲碁
華道・茶道の心
映像・メディア
演劇・朗読
政治・経済のニュース
世界の宗教・人権
モチベーションとストレスケア
小説・詩・俳句

《ドメイン》
ビジネスと社会に関心を持つ　1年次
食ビジネスA，食ビジネスB，農ビジネス，IT ビジネス，健康・スポーツビジネス，
まちづくり・観光ビジネス，アパレル・住居ビジネス，福祉・医療・教育ビジネス

ビジネスを掘り下げ新しいビジネスのヒントを得る　2年次～3年次
ファミリー企業経営，ベンチャー企業経営，社会的企業経営，店舗マネジメント，
地域とボランティア，高齢者と介護，食文化論，農産物市場論，子どもの暮らしと社会，
食品産業論，健康とスポーツ，フードシステム論

（出所）桃山学院大学ビジネスデザイン学部広報資料より

- ビジネス理論・知識
- ドメイン別科目
- ビジネスデザイン思考（スキル）
- 教養・文化
- インターンシップ

に大別される授業群が，PBL 授業を経由地としながら「ビジネスデザイン演習」という最終的な学習ステージに向けてつながり合っている。また，卒業必要単位124単位中，必修科目単位は92単位（74%）にのぼる。多様なプログラムを用意しながら，多くの学生が共通の授業で学ぶことで，PBL やその先のビジネスデザイン演習でも，それらの知を統合することを意図した進行が可能になる。

筆者自身，PBL の授業責任者をしながら他の科目（「問題解決法」「ビジネスリーダーシップ」「経営戦略」など）も教えており，そこで教えていること全てを PBL というステージで発揮してくれることを意図している。他にも，例えば「酒井先生の『組織デザインと人事管理』の授業を参考にチームのあり方を考えて」「大村先生の『テクノロジーとイノベーション』でリサーチした内容を前提に考えてみて」などと学生に伝えることが多い。これは，ビジネスデザイン学部では，全ての授業での学びが実践型授業である PBL とつながるということを学生に再確認させる意図もある。PBL を通じてビジネスデザインとリーダーシップの力を伸ばすうえで，学生が手を抜いてよい授業は一つもなく，全ての授業の内容を，PBL での独創的な提案に反映してもらうことを求めている。「ロジカルシンキング」「IT 基礎」「ビジネスモデル演習」「アカウンティング」「マーケティング」「起業とファイナンス」といった科目群や，様々なドメイン（領域）のビジネス界で取り組まれている事例はいずれも新しいビジネスをデザインする上で役立つし，またそれらの知を統合することで真に創造的なプランが生み出されるからである。

学生のなかには，例えば，教養・文化系の科目がどうビジネスに役立つのか，理解しきれていない者も多い。そのような疑問を持つ学生に対しては，ビジネスをデザインする上で文化的な知識や一般教養を幅広く知っていることがいかに有用かを説明する。戦略的思考，論理的思考だけでなく，優れた提案をするためには，幅広い教養が欠かせない。社会人のなかでリベラルアーツ（一般教養）関連の書籍が軒並みベストセラーになることも然り，また米国においても，独創的な起業家や国のリーダーのなかには，「リベラルアーツ・カレッジ」出身者が多い。学生には，ビジネスの理論や知識に加え，文化・教養を身につけることもビジネスデザインをするうえで不可欠であることを理解してもらうよう努めている。

(5) 教育・研究・社会を横断的につなぐ「知のプラットフォーム」へ

ビジネスデザインとリーダーシップの力を磨くためには，教育，研究，社会の３分野の知見・人材・技術等を統合し多方面での活用を目的とする基盤（プラットフォーム）が不可欠である。ビジネスデザイン学部では PBL を通じてそのプラットフォームの実現と実践をめざしている。誰のためのプラットフォームかと言えば，それは下記のとおりである。

① 教育面：
本学部の学生，ビジネスやリーダーシップに興味がある高校生や連携先企業の社員など

② 研究面：
各教員が研究している分野の研究者，コンサルティング会社，連携先企業など

③ 社会への貢献面：
ビジネスを介して課題を解決したいと考えている企業，地方公共団体，非営利団体など

ビジネスデザインとリーダーシップを学ぶ環境を常に改善・革新していくために，このように教育，研究，社会との連携を深めていくことが欠かせない。また，ビジネス領域，リーダーシップ領域の双方で課題を抱える多分野の企業

と「知のプラットフォーム」を通じて連携をすることでその課題解決の一助になりたいとわれわれは考えている。そのために，アクセスのしやすい阿倍野というエリアに，社会人，学生，研究者，誰もが気軽に立ち寄れて対話をすることができる「ビジネスデザインラボ（BDL）」を構えている。

4 授業の力点とカリキュラム概要

(1) 答えのない問題を解く

ビジネスの現場で若手メンバーに期待される役割は明らかに変わった。やや極端な例かもしれないが，筆者の実体験とヒアリングから，20年前と現在とで，若手メンバーに対する仕事の振られ方の違いを比較してみた。

20年前

「この数字の表をエクセルかパワーポイントでつくっておいて」

「重要顧客をリストアップして，訪問スケジュールと面談相手を一覧にして出して」

「競合Ａ社の仕掛けているプロモーションに対抗する販促チラシを作って」

現在

「新しい Web 技術を活用した，有望なサービス案を考えてほしい」

「顧客コミュニティが活性化するサービスプランを考えてほしい」

「生産性とモチベーションの両方が高まる『働き方改革』施策を考えてほしい」

20年前は，明らかに「タスク」「作業」が若手メンバーに振られることが多かった。上司はある程度の答えが分かっており，迅速に・正確にその仕事を遂行してくれる優秀な若手スタッフを評価する傾向があった。

他方，今日若手社員に振られるのは，明らかに答えのない問題である。率直に言って，経営層や上司もその答えが見えていないことが多い。いや，むしろ上の世代が分からないことだからこそ，若手の持つ斬新な発想や知恵に期待していると言えよう。

あるビジネスデザイン学部の2年生は，Jリーグの人気チームでインターンシップの仕事を得た。彼に，どのようなタスクが振られているのか聞くと，「今後，ファンクラブ会員をいかに増やすか，ゼロから考えてほしい」という内容だと言う。もちろん，大学生世代が慣れ親しんでいるスマホや SNS を活用したコミュニケーションやサービスを活用した提案をしてほしいという期待があるだろう。おそらく依頼している社員の方も明確な答えがないはずだ。このように，企業は答えのない問題に自ら取り組むマインドを持ち，知的武装をしている若者を求めている。ビジネスデザイン学部の PBL 科目は，まさにそのような人材の育成に力を注いでいる。

⑵　総合的（Holistic）且つ越境的（Cross Boundary）な視点を持たせる

従来の経営学はどちらかと言えば，すでにある事業体を維持・発展していくことに重きを置いてきた。一方でビジネスデザインがめざすのは，ゼロからイチを生み出し，人々の協力を得ながら成長・発展させていく力である。そのためには，業界の分析，市場の分析，マーケティング戦略の立案など，従来の経営学で頻繁に使われる分析フレームワークも貴重なツールとなるが，一方で，より総合的/統合的（Holistic）な視野，知識，スキルも必要になる。Holistic というのは，医学用語としても使われるが，外科，内科，精神科，婦人科，または，西洋医学，東洋医学などの分野を横断した統合的な医療見地から病気の治療にアプローチする考えである。これは，ビジネスの分野でもますます重要になっている。

ビジネスをデザインする上で，社会，経済・企業，人間について幅広い視野を持つことは不可欠である。学生は，定量的な分析スキルに加え，人々の認識や価値観，感情など抽象度の高いものを知覚するデザイン的な感覚も磨く必要がある。本学部 PBL 授業（特に応用編）においては，広く産業・業界・企業全体の視点で観察する「鳥の目」，消費者・顧客行動など1人ひとりの人間の目線で観る「虫の目」，そしてイノベーションに不可欠なものとして，社会の変化，技術動向の変化，人口動態，人々の認識の変化など，世のなかの流れと変

図表 7 - 4　PBL 授業におけるビジネスデザイン実践

ビジネスデザインに必要な「見方」

鳥の目
企業全体，経営視点
市場
競争環境

虫の目
消費者，購買者の視点
ペルソナの特性
感情や願望など

魚の目
社会の変化の視点
技術や環境の変化
流れの読み方

ビジネスデザインのステップ

Step 1
観る
観察・考察・分析

Step 2
発見し，創造する
ビジネスチャンス（機会）の発見

Step 3
企てる
事業戦略の立案

Step 4
実行する
ビジネスモデルとオペレーションモデル

（出所））筆者作成

化を敏感に察知する「魚の目」の三つを重視して進めている。それらの目を行ったり来たりしながらビジネスデザインのプロセスを進み，仮説を立てて検証し，場合によってはまた別の視点に移動したり，前のステップに戻ったりして考え直す，という試行錯誤をじっくり繰り返すことで学生はバランスのとれたビジネスデザインスキルを磨いていく（**図表 7 - 4**）。

⑶　必ず身につけさせたい「主体的な学習者」の意識

PBL 授業を設計するうえで，どのようなサブジェクト（主題，テーマ）を授業のなかで扱うかはもちろん大切である。しかしそれ以上に重要なのは，学生の「主体的な学習者」としての意識を育むことである。筆者自身，日々授業を設計するうえで，それを痛感している。PBL 成功のための最大の鍵は，いかに学生の主体性を引き出すかにある。

どうしても授業設計側は，あれこれと丁寧にお膳立てをしてしまいがちだ。教材，プロジェクトテーマ，チーム分け，クライアントとの関わり方，グループワークの進め方や内容，次回までの課題，といったものを細かく教員側が準備しすぎると，学生側が受け身で他責の姿勢になりすぎる。そうなってしまうと，いくら課題解決法授業などと謳っていても絵に描いた餅である。表向きは見栄えのよいビジネスプランが出てくるものの，ワクワク感，情熱，柔軟な発想，使命感，といった本来ビジネスデザインにおいて不可欠な要素が欠落してしまう。

アクティブラーニングは，文字どおり学生が主体的に，自らの意思で参加することが条件である。あれもこれも与えれば与えるほど，学生は「待ち」になりやすい。受け身になってしまうと，目標の設定や振り返りもきれいな言葉，耳ざわりのいい言葉で済ませようとする。ビジネスとは本来人間の自由意思や創造性が発揮されるべきものである。それを学ぶ学生が受け身になってしまうのは何としても避けたい。

(4)　授業を受ける側から，授業を共に創る側へ

とはいえ，いきなり初めから全て学生の自由に任せることはできない。教員側で伝えるべきこと，教えるべきことはしっかり提供しながら，徐々に学生が自由に考えられる度合いを増やしていく。

ビジネスデザイン学部の PBL 科目は1年生向けの「入門編Ⅰ，Ⅱ」と2年生向けの「応用編Ⅰ，Ⅱ」に分かれるが，入門編では，高校生時代とは大きく異なる PBL／課題解決型の授業に慣れ，数カ月の長丁場のプロジェクトを進めるリーダーシップのあり方とその技法を徹底的に学ぶ。一方，応用編では，かなり大胆に「自由度」を高める。教員側が細かい設定をしすぎず，学生自体がクラスでの学びを一緒につくる仕掛けを多数用意する。

1年生の間は，10週間以上の長期のプロジェクト運営を初めて経験する学生が多い。グループワーク，継続的なリーダーシップの発揮，ビジネスの立案，本格的なプレゼンテーションなどで数多くの失敗を経験する。1年生の間は，教え，支えながら「安全に失敗できる」環境を創ることに力点を置く。そして2年生は，徐々にそれらの安全柵や補助輪を外し，自分たち自身で解決することを求めるイメージである。

桃山学院大学でも，先輩学生が「Learning Assistant (LA)」として授業に深く関わる仕組みをとっている。教員ではなく，年齢が近い LA が関わることによって，学生は自分自身が主体的に関わる意識を持つことができる。しか

し，われわれはそれだけでも足りないと考えている。受講生が LA に依存したり，LA の助言を受け身で受け入れすぎたりするリスクが生じるからである。そこで，PBL 応用編では「クラスファシリテーター」と呼ばれるボランティアを受講生のなかから毎回の授業で募り，クラス全体のディスカッションをリードしたり，その授業回のクラス全体の雰囲気や，クラス目標に対して今回何ができて何ができなかったか，といった話し合いを進めたりする役割を担ってもらっている。

そうすることで，「授業を受ける」側から「授業を創る」側に学生の意識は変化する。仲間に呼びかけ，仲間の声を集め，まとめる，というリーダーシップを発揮することで，

「なぜ，こういう呼びかけに皆は反応しないのだろうか」
「この場をより充実した話し合いの場にするにはどうすればよいか」
「誰も発言しないなら，まずは自分が発言や質問をして口火を切ろう」

という意識が生まれる。実際に学生がそのような感想を筆者に伝えてくれている。クラスファシリテーターは毎回なるべく別の学生がペアで担当するようにしている。1回でもこのクラスファシリテーターを経験すると，次の回には少なからず主体者としての視点が増し，別のクラスファシリテーターが困っていたら支援をしようという動きが生まれる。また，ペアにすることで，その2人の間で進行の協力をしたり，1人が他方をサポートしたりする関係が生じる。なかなかクラス全体から発言が出ない場合に，もう1人のクラスファシリテーターに「じゃあ，あなたから発言して」と指名して発言を求めることも多い。それをきっかけに場が和み，徐々にクラス全体から有益な意見が出されるという光景もよく見られる。「目標の共有」「率先垂範」「相互支援」という，リーダーシップの最小三行動が実践されやすい仕組みともいえる。

(5) 消費者ではなく，提案者に

早稲田大学の日向野幹也先生は著書「高校生からのリーダーシップ入門」

(ちくまプリマー新書）で，「不満を苦情として伝えるのは消費者。不満を提案に変えて持っていくのがリーダーシップ」と述べている。前述の通り，主体者として学ぶうえで，提案を学生から引き出すことは欠かせない。本学部の PBL では，入門編の時から「PBL 学生会議」という授業後のざっくばらんに話し合う場を設け，PBL 授業への意見や提案を積極的に学生が話せる場をつくった。コロナが流行する前には授業後の昼休みに飲み食いしながら話し合うことで，学生は PBL 授業に対してどんな意見を持っているか，教員や LA の意見はどのようなものか，お互いに伝え合うことで目的の共有が進むことを実感できた。

また，学期途中と終盤には，PBL 授業の改善点について必ずレポートを記述してもらう。そして，上記の PBL 学生会議や毎回授業後に行う LA と教員での振り返りミーティングでも同様だが，提案された内容で授業の目的と合致するものは，翌週からでもすぐにクラスに反映させることを心掛けている。「来期考えよう」ではなく「翌週からすぐに実行してみよう」という意識である。提案がすぐに実行されることで，学生は，自ら提案者になり，それが形になって実現する醍醐味を味わうことができる。また，本気の提案であれば実行されると気づくことで，自分たちの発言に責任を持つようになる。

上記のクラスファシリテーターのアイディアも学生の発想をヒントにしたものであるし，また PBL 応用編で新たに試みた「学生自らがプロジェクトチームメンバーを決める」というアイディアも学生の声を参考にしている。

一般には，教員や LA が性格的な組み合わせとクラス全体のバランスを考慮してチーム分けを行うことが多い。その結果，授業への参加意欲も性格もまったく異なるメンバーが集まるため，様々なぶつかり合いが生じる。これももちろん，PBL では必要な経験であり，そこから学ぶことが多い。

しかし，PBL 授業の残り回数が少なくなる 2 年生後半にもなると，学生から「自分たちでチームを組みたい」という声が多数寄せられるようになる。それは自然なことだし，何より実際のビジネスでは，特に起業という場面では，自分の自由意思で集まった仲間を自分自身も納得して受け入れることが多い。そのような考えから，われわれも応用編では，チームメンバーは自分たちで決めるというルールを導入する場合もある。しかしその場合も必ず，「自分たちで決めずに教員や LA に任せる」という選択肢も残す。自分たちでチームを決めたい学生もいるし，与えられた環境やチームメンバーでどこまでやれるか試したいという学生も両方いるからだ。どちらが良い悪いではなく，両方の可能性を示し，メリットもデメリットも含めて理解し，学生が自分たちで責任を持って決め，取り組むことで主体性が高まる。当然，どちらを選択すればパフォーマンスが高いかは分からない。チームを決めた後に学生たちと対話すると「気の合う，仲の良い仲間と組めば生産的になれるわけでもないことが分かった」「性格を知りすぎていたり，仲が良すぎたりするからこそ，強く踏み込めないこともある」という感想を話してくれることもある。これも，まさに実際のビジネスの現場で起きることだ。それを PBL という舞台を通じて本学部の学生は体験してくれている。

いずれにせよ，チームを自分たちで決めさせるメリットは，学生自身が「自分も常に仲間から選ばれる立場だ」という緊張感を持てることにある。「他者から声をかけてもらえるように，普段からチームに貢献する行動を多くとろう」という発想を持ってくれれば，主体的な授業への参加に少なからず繋がっていく。

(6)　いかに教えずに教えるか～教えるのではなく，動機づけ，引き出す～

PBL では，教員は答えを示すのではなく，学生自身の積極性，思考，意見を引き出す役割に徹する。「いかに教えずに教えるか」が PBL 成功の鍵だと考えている。学生はどうしても答えを欲するし，答えらしきものが提示されると，その考えに引きずられやすい。教員，クライアント，LA から発せられるメッセージはあくまで参考情報であり，最終的には学生が自らの頭で考え抜くことが不可欠だ。これは，教員や LA だけでなく，クライアント企業のメンバーとも共有すべき基本方針である。

その上で，教員や LA の PBL 授業での役割は下記５点と考えている。

①　授業や課題の目的の共有

学生の主体性を引き出すうえで重要なのが目的の共有である。「なぜ，このテーマを考える必要があるのか」「このグループワークに取り組む意義は何か」という目的を学生と教員間，また学生同士で共有できるようにする。シンプルなことだが，PBL 授業失敗の原因の大半は目的共有の不足にある。

② 有用な理論やツールの提供

ビジネスで役立つ思考ツールや分析フレームワークは，学生の理解が追いつく範囲で有用なものを紹介していく。ただし，これらはあくまで「ツール」にすぎない。学生が，フレームワークに逆に振り回されたり，目的を理解せずに粛々と作業をこなしたりする事態は避けるべきだ（これは，社会人でも起こりやすい落とし穴である）。

③ 経験談や事例の提供

概念を伝えるだけでは，学生の理解度や納得度が上がらない。教員，クライアント，LA の実際の経験談や実例をなるべく多く挙げ，「例えば，こういうこと」という例示を数多く出すことで学生の理解が深まる。年齢の近い LA のリーダーシップ挫折経験，成功経験などは，学生がとても熱心に耳を傾ける傾向がある。

④ 本質を考え抜く力を育てる質問

知識は書籍でも知ることができる。重要なのは，考え方を学生が学びとることだ。そのために，教員や LA は本質に迫る問いを学生に投げかける。

- 「そもそもそれは本当なのか？」（True?）
- 「それで，つまり何が言えるのか？」（So what?）
- 「なぜ，そう思うか？」（So why?）
- 「どうすれば，それができるのか？」（So how?）

といった問いである。見解については，定性的なものだけでなく，できる限り定量的にデータの裏付けもしながら伝えることを学生には要求する。

⑤ 心理的安全性の高い場の提供

リーダーシップやビジネスアイディアといった抽象度の高いテーマを扱うからこそ，学生が率直に質問できたり，自己開示できたり，助言を求めたりしやすい雰囲気づくりが大切である。心理的安全性を高め，率直に対話ができるクラスの雰囲気を醸成することで，個々のチーム内での議論も，クラス全体での知の交換も活性化する。

(7) カリキュラム概要

① 「型」を身につける入門編，「主体者」となる応用編

前述のとおり，本学部 PBL 科目には1年次に履修する「PBL 入門編」と2年次に履修する「PBL 応用編」がある。それぞれの授業において学生がめざす目的は以下の通りである。

「PBL 入門編」の目的：

- PBL 授業に慣れ，楽しみ，チームで協力してプランを仕上げる醍醐味を体感する
- 試行錯誤しながら，自分らしく効果的なリーダーシップのあり方を探る
- 課題の分析やビジネス立案の思考フレームワークを学び，目的に合った活用ができるようになる

「PBL 応用編」の目的：

- クライアントの真のビジネス課題を自ら考察し，解決策を提示できるようになる
- 提案者としてより主体的に授業に参加し，リーダーシップの発揮度を大きく高める
- 調査・分析スキルだけでなく，観察・デザインといった知覚的な技法も学び，有機的につながったシステムとしてのビジネスデザイン技法を習得する

入門編，応用編いずれも，クライアント企業のメンバーの方は，15回のうち7回程の授業になんらかの形でご参加いただく。他校に比べても頻度が高いと言えるだろう。各クラスに最低1，2名の社員メンバーを配置いただき，学生とじっくり議論をしたり，質問に答えたりしていただく（オンライン，対面とも同様）。

入門編では，「リーダーシップとは，チームの共通目標達成のために他者に及ぼす影響力」「権限なきリーダーシップ」という重要な基本コンセプトを共有することに主眼が置かれる。そのうえで，

- リーダーシップの最小三行動（目標共有，率先垂範，相互支援）
- 経験学習サイクル（仮説→実行→フィードバック→振り返り→改善計画）
- SBI（Situation/Behavior/Impact）フィードバックを活用した振り返り
- PM 理論（「P機能（Performance function：目標達成機能）」と「M機能（Maintenance function：集団維持機能）」の二つの能力要素でリーダーシップが構成されているという三隅二不二氏が提唱した理論）を活用した目標設定や振り返り

といった立教大学等のリーダーシップ教育でも基礎となっているサブジェクトを活用して目標設定，ディスカッション，振り返りなどを繰り返す。入門編では特に，リーダーシップにおけるこれらの基礎的な素養を身につけ，アクティブラーニング型授業で成果をあげるための「型」を磨いていく。そして応用編では，それらの型を土台に，より主体的，能動的に学生自ら「ビジネスデザイン力に長けたリーダー」として活躍するための実践練習を積むことになる。

入門編から応用編にかけて頻繁に行う「互いのリーダーシップ行動振り返り」については，学生から「またやるのですか」という反応が出ることも少なくない。それでも，粘り強く繰り返し授業に組み込むことで，実際に応用編に進んだ2年生から下記のようなコメントが出るようになった。

PBL 応用編受講学生の声より

「定期的に個人へフィードバックがもらえるので，徐々に自分のことが分かるようになっている」

「グループのなかでの自分の立ち位置や役割が分かってくる。PBL では他の授業以上に同じ人達と同じテーマを長く続け，自分自身の適性や役割を深く考える時間があるからだろう」

「ひとつの事業課題，テーマを掘り下げるので，課題について深く考える練

習ができる」

最初は慣れないかもしれないが，1週2コマ連続で，15週間，リーダーシップとビジネスデザインについて繰り返し取り組むことで，高校生時代には見えていなかった「自分自身」「チームワーク」「企業やビジネス」について理解が進むことは間違いない。

② PBL 授業の進行スケジュールとカリキュラム例

入門編，応用編での若干の違い，また学期ごとの多少の違いはあるものの，ビジネスデザイン学部 PBL 科目は大枠以下の流れで進行する。

1回2コマ連続授業の時間配分

授業回によっても異なるが，通常は下記の流れで授業が進むことが多い。

1. 導入（アイスブレークや，学生のショートプレゼンテーションなど）
2. 当日のテーマ①（説明，グループワーク，全体ディスカッション，全体説明など）
3. 休憩（1コマ目／2コマ目の間の休憩）
4. 当日のテーマ②（同上）
5. 振り返り（リーダーシップ面での振り返り，相互フィードバック，クラス全体の学びや目標達成度の振り返り，次回以降の改善点共有など）
6. まとめ，次回までの課題発表など

全15週のセッションスケジュール

これもコースや学期によって若干違いはあるが，下記が一般的な進行スケジュールである。

【セッション1～3】

クラス立ち上げ，チーム目標・リーダーシップ目標の設定，クライアント企業とテーマの発表，事業リサーチなど

【セッション4～7】

事業環境やニーズの分析，ビジネス機会の探求，中間発表準備，中間発表，

チーム成果と活動の振り返り，フィードバックなど

【セッション８～11】

プランの改善・改良，詳細・具体化（収支計算，ビジネスモデル，プレゼンテーションストーリーなど）

【セッション12～14】

予選準備，予選，本選

【セッション15】

まとめ，今期の振り返り（リーダーシップ面，プロジェクト成果面）

入門編で扱うことの多いテーマ例

- アイディアの発想
- プラン仮説の構築と追加調査，分析
- 想定ユーザー（ペルソナ）の設定とニーズ検討
- ニーズの解決策検討
- 競合との差別化
- 収支計算について考える
- 仕組みとビジネスモデル
- プレゼンテ―ション

応用編で扱うことの多いテーマ例

- 事実調査から仮説検証への流れ
- 業界の外部環境分析，内部環境，自社環境分析
- イノベーションの機会を探る
- デザイン思考を活用する
- ビジネスチャンスを考察する
- ビジネスの戦略を構想する
- ビジネスモデルをデザインする
- ビジネスの経済的，社会的インパクトを考える
- プランの全体ストーリーを磨く，審査基準と照らしての全体確認

図表 7－5　2020年秋 PBL 応用Ⅱ スケジュール

日付	セッション	形態	クライアント参加	セッションテーマ（予定）
9月29日	1	遠隔	○	キックオフ，PBL 応用Ⅱ 授業テーマと目的の確認
		遠隔	○	クライアントとテーマの発表，クライアント事業プレゼン，質疑応答，クラスゴールの設定
10月6日	2	遠隔		クラスの一体感と，参加主体性を高める，クライアント企業の事業を理解する
		遠隔		クライアント企業の事業を理解する
10月13日	3	遠隔	○（企業訪問）	クライアント企業への共感を深める
		遠隔		デザイン思考の活用①　Step 1 共感　～消費者への共感を深める～
10月20日	4	遠隔		デザイン思考の活用②　Step 2 問題定義
		遠隔	○（質疑）	デザイン思考の活用②　Step 2 問題定義
10月27日	5	遠隔		デザイン思考の活用③　Step 3 アイディアの創造
		遠隔		デザイン思考の活用③　Step 3 アイディアの創造
11月10日	6	対面	○	中間発表（ポスターセッション準備）
		対面	○	中間発表（ポスターセッション）
11月17日	7	遠隔		デジタルビジネスの無限の可能性
		遠隔		デジタルビジネスとビジネスデザイン，新しい機会（チャンス）の発見
11月24日	8	遠隔	○	他授業での学びをプランに活かそう～ビジネスデザイン学科での学び全体を統合する～
		遠隔	○	他授業での学びをプランに活かそう～ビジネスデザイン学科での学び全体を統合する～
12月1日	9	遠隔		デザインから戦略へ
		遠隔		ストーリーのある戦略を創る
12月8日	10	遠隔		戦略からビジネスモデルへ
		遠隔		戦略からビジネスモデルへ
12月15日	11	遠隔	○	プラン全体の俯瞰，プレゼンテーションのストーリー確認
		遠隔	○	プランのブラッシュアップ，予選に向けた準備，相互フィードバック

12月22日	12	遠隔		予選①
		遠隔		予選①を振り返る，プランを磨き込む
1月12日	13	対面	○	予選②
		対面	○	予選②を振り返る，プランを磨き込む
1月19日	14	対面	○	本選
		対面	○	本選
1月26日	15	対面		応用Ⅱで学んだこと，身に付けたことを振り返る
		対面		これからの課題

（出所）筆者作成

上記ご覧いただくと分かるとおり，応用編の方がより難度の高い，業界分析やイノベーションの方法論を学び，プランに反映することを求めている。さらに，応用編の後期に入ると，「デザイン思考」などの方法を取り入れることで，前述の「鳥の目」「虫の目」「魚の目」を行ったり来たりしながらのビジネスデザイン力を磨いていく（**図表7－5**）。

③　クライアントとプロジェクト課題テーマ

2021年10月現在，入門編・応用編の授業にご協力いただいたクライアント企業とプロジェクトのテーマは，下記のとおりである。

- 関西吉野家株式会社（入門編）
  プロジェクト課題テーマ：「大学生世代がより吉野家を利用するために必要な要素を踏まえ新たな商品・サービスを提案せよ」
- 竹中工務店株式会社（入門編）
  プロジェクト課題テーマ：「御堂筋エリアで，大阪を元気にするようなビジネスとその空間を提案してください」
- 特定非営利活動法人ジャパン・フィルムコミッション（入門編）
  プロジェクト課題テーマ：「大阪府で撮影が行われたことを想定し，大阪に多くの人が訪れるような，上映終了後作品を活用したビジネスプランを提案してください」

- UCC コーヒープロフェッショナル株式会社（応用編）
  プロジェクト課題テーマ：「IoT 機能付のコーヒーマシンを活用した，独創的かつ魅力的なビジネスイノベーションのアイディアを提案せよ」
- au フィナンシャルサービス株式会社（入門編）
  プロジェクト課題テーマ：「KDDI グループシナジーを活用した，au PAY カードに関する新事業プランを提案してください」
- 小林製薬株式会社（応用編）
  プロジェクト課題テーマ：「３年間で20億円規模の売上を見込める，有望な新ビジネスを提案してください。
  ①　デジタルを活用した新たなビジネスモデルを提案すること。
  ②　小林製薬の強みを活用すること。
  ③　他社とのコラボレーションも提案可能とする」
- 大阪シティ信用金庫，UCC コーヒープロフェッショナル株式会社（入門編）
  プロジェクト課題テーマ：「大阪がコロナ禍を乗り越え，コロナ禍以前より元気になるようなビジネスアイディアを提案してください。
  ①　自身がスタートアップ起業家として，新たなビジネスを起こすという想定で考えること。
  ②　業界や業態は自由に選択すること。
  ③「元気になる」の定義も，経済，社会，人々の暮らしの観点から自分たちで考えて提案すること。
  ④　コロナウィルス自体への対応策ではなく，コロナの影響を踏まえた上でそれを乗り越えるビジネスのアイディアを提案すること」
- ブルーブルーエジャパン株式会社（応用編）
  プロジェクト課題テーマ：「ブルーブルーエの顧客層が広がり，ブランド価値が高まる新しいビジネスアイディアを提案してください。
  ①　提案に際し，同社の強みや課題をしっかり調査・分析すること。
  ②　社会環境やニーズの変化をチャンスとして活かす提案とすること。
  ③　商品単体ではなく，店舗や Web の新たな活用方法を含めたビジネスアイディア全体像を提案すること。

④　独自性（オリジナリティ）が高く，他と明確に差別化されるビジネスアイディアを示すこと」

プロジェクト課題テーマは，クライアント企業メンバーと教員チームでじっくり話し合いながら決定していく。10週間以上，学生も企業メンバーの皆さんもそのテーマについて考え，貴重な時間を使っていく。そのため，一般に考えられている以上に「テーマ設定」は重要である。本学部 PBL のプロジェクトテーマは，下記のような点から熟慮と話し合いを重ねて決定するようにしている。

プロジェクトテーマの決定基準

①　学生が混乱したり誤解したりしない，分かりやすいテーマ
②　新規性，発展性のあるテーマ（学生に常に新しい刺激的なチャレンジを与える）
③　学生たちのスキル・知識面での課題を克服させるテーマ（PBL 授業でのそれまでの学生の思考パターンや発表内容から，克服すべき課題が見えるため）
④　学生の自由な発想を許容しうる，提案の可能性が広いテーマ
⑤　時代の最先端の課題に挑戦しうる，革新的なテーマ

また，プロジェクトの提案内容が優れているチームには，教員賞やクライアント賞が与えられ，なかでも特に優れているチームには，クライアント企業の事業企画メンバーの皆様などにオフィスでプレゼンテーションする機会や，場合によってはその後の協業機会なども与えられる。そのため学生も本気でプレゼン準備に取り組み，審査員側も，幅広く重要な観点から審査をする。

様々な教員やクライアントメンバーが担当する審査においてとりわけ重要なのが，「審査基準の共有」である。こちらは2020年春学期応用Ⅰの審査基準である。詳細審査項目はクライアントの業種やプロジェクトテーマによって毎回多少の変更があるが，大項目の「革新性／クリエイティビティ」「実現可能性」「社会的・経済的インパクト」「プレゼンテーション／伝え方とチームワーク」は，入門編，応用編ともに毎回重視している審査基準である（**図表7-6**）。

図表7－6　2020年春 PBL 応用Ⅰ 審査基準

1. 革新性／クリエイティビティ
- 着眼した問題や提案内容に（学生ならではの）斬新さ・創造性があるか
- ターゲット利用者像，ニーズ（需要）の大きさ，顧客にとっての価値が明確に伝わるか
- IoT（internet of things）の活用方法に革新性や独自性があるか

2. 実現可能性
- 提案内容に「実現性（実現されるイメージ）」を感じるか
- クライアント企業の強みを生かせるか
- 実現可能性が高い，効果的な「ビジネスモデル」が提案されているか

3. 社会的・経済的インパクト
- 経済的なインパクト（売上，費用，利益等）について，言及されているか
- 人々の幸福や喜びにつながる，社会的意義の大きさが伝わる提案か
- 顧客にとっての価値向上だけでなく，事業者側の生産性向上（問題解決）にも繋がるか

4. プレゼンテーション／伝え方とチームワーク
- プレゼンテーション全体の表現，メッセージ，流れ，論理（ロジック）が分かりやすいか
- 資料内容やプレゼンテーションにおいて，メンバー個々の強みが発揮されていたか
- プレゼンテーションは，全体的にチームワークの高さを感じるものだったか

5 今後の課題

(1) 「コミュニティ」と「文化」の形成

先述の通り，桃山学院大学ビジネスデザイン学部は，学科として2019年４月にスタートしたばかりである。学科立ち上げ当初は，授業の運営やルールの策定などで教員もスタッフ陣も大忙しとなる。「目に見えること」に忙殺されるなかで，見落としがちなのが教育機関としての「目に見えない価値」である。「見えない価値」とは，大きく下記の２点と考えている。

① 学生が自ら学び，相互に学び合う文化（学習する文化）
② 安心し，仲間意識を感じて所属することができるコミュニティ

① 学生が自ら学び，相互に学び合う文化（学習する文化）

新設学部の場合，「先輩」がいない。通常，率先垂範で動く先輩というロー

ルモデルを見て後輩も「あのように行動し，動くと，このような成果が上がるのか」と気づき，自分たちも徐々にそのような行動ができるようになる。LA（Learning Assistant）や SA（Student Assistant）といった役割においては，特にその「モデルの継承」が重要であり，そのなかで文化も受け継がれていく。

しかし，第1期生にはそのようなロールモデルがいない。ほぼまったく道標がないままに，アクティブラーニングという未知の学習領域に進む。フォローすべき文化や風土がまだないからこそ，それらを率先垂範して自らつくるという貴重な体験を積むことができるとも言える。しかし，それは大学1年生，2年生にとって容易なことではない。可能であったとしても一部の経験豊富な積極性の高い学生に限られてしまう。

したがって，教員としては，率先して役割を担ってくれている学生には，とりわけポジティブなフィードバックを与え，これらの行動や考え方を後輩たちにも引き継いでいく意義を明確に伝える必要がある。また，とくに初期の段階では，それらの文化をゼロから創り，継承していってくれそうなポテンシャルのある学生を見抜き，積極的に活動に巻き込み，文化を意図的に形成していくことが不可欠である。

②　安心し，仲間意識を感じて所属することができるコミュニティ

もう一点は，その文化とも関連するが，安心して誰もが所属できる「コミュニティ」の形成である。このコミュニティも，先輩学生が脈々とつくり上げてきたものに依存できない1期生は，ともすれば「居場所」を見失い，精神的にも落ち込むケースがある。高校生時代とは生活環境も学習内容もまったく異なり，かつアクティブラーニングや PBL といった人間関係の構築や膨大な課題対応を求められるような科目の場合は，心身ともに疲弊することもあるはずだ。

その際に，学校のコミュニティが居心地のよいもので，自分自身をいつでもさらけ出してもよい「安全な環境」であることが必要不可欠である。とりわけ，立ち上げ当初は，この「コミュティ」の形成に，教員も，スタッフも，学生も積極的に関わっていく必要がある。授業以外の時間に学生と対話をしたり，定期的に学生が気軽に集えるカジュアルな集まりを企画したり，という仕掛けが

必要である。具体的にコミュニティをリードする役割を担う人材を置くことも有効だろう。このような非公式な人と人との関わり合いは「場」と呼ばれ，経営学でも重視される。コロナ禍で対面での集まりは中断してしまったが，あべの BDL には沢山そのような「場」をつくれるスペースがある。今後多くの学生を積極的に巻き込み，誰もが安心して参加できる「場」から「コミュニティ」づくりをさらに進めていきたい。

(2) 学生数増でますます求められる「自己組織化」

上述のとおり，本学部は2021年４月に70名から200名へと１学年の定員が大幅に増加した。この増員をさらに学生が「主体性」「自発性」を発揮するチャンスとして生かしたい。増員に際し，教員やスタッフがルールや秩序をつくって学生を管理していくことは限界があるため，学生の主体的な「運営への参加」を促すことが課題となる。

メンバー個々人の間で何かしらの相互作用を及ぼし影響し合うことで，自律的に秩序化・構造化が生み出される現象を「自己組織化」と呼ぶ。われわれが求めるのがまさにその自己組織化である。ビジネスデザインとリーダーシップを学ぼうとする学生同士が積極的に交流し，またそこからクラブ，サークル，研究会，学生自治会など様々な自律的な活動が生まれてくることが望ましい。すでに現学生からも「学校や学習環境がよりよくなるための活動を自分たち自身でも始めたい」という声が多数出ている。ビジネスデザインとリーダーシップを教える学部としては，そのような自律的な行動や提案を積極的に受け入れ，推奨することが必要である。

(3) 実際の起業体験の活発化

言うまでもなく，実際の起業体験に勝る学習経験はない。ビジネスデザインやリーダーシップのスキルを実践的に学ぶ学生たちには，学外の起業ピッチやコンペティションに積極的に挑戦し，チャンスがあれば実際に事業を起こすことも奨励している。学外の場でビジネスを提案したり，実際に起業したりする経験を通じて，クラスで学んだこと，仲間と議論したことを自らのなかで「再学習」することになり，気づきが深まることは間違いない。その経験とネットワークを同級生や後輩たちにも伝承することで，桃山学院大学ビジネスデザイン学部の実践教育環境をより豊かなものにしていって欲しい。

6　オンライン授業の可能性と課題

(1)　オンライン授業の可能性

コロナ禍で突如実現した「オンライン授業」は間違いなく教育の可能性を広げた。その利点は様々あるが，主な点としては以下があると思われる。

①　個々の学習スタイルに合った受講方法を選べる
②　学習に集中し，「個」としての強みを存分に発揮できる
③　様々なデジタル技術の習熟スピードが早まる
④　場所・時間を選ばずに臨場感のある環境から授業配信が可能になる
⑤　ゲストスピーカーの参加が容易になる

個々の学生が自分にあった学習スタイル（オンデマンド型や配信型など）を選択できる可能性が広がったことと，周りの目を気にせず集中して学習できる機会が増えたことは大きい。オンラインになり，周囲のモチベーションややる気に影響されることなく学習に集中できることで課題に取り組む意欲や内容の質が高まった学生も多々いる。PBL 科目においてはもちろんチームワークが必要不可欠であるが，このような「個」としての思考力や知識習得を深めやすい環境も必要だと実感している。また，Zoom や Teams などのオンライン会議システムを皮切りに，学生がデジタルコミュニケーション技術に精通してくることも重要な副産物と言える。

さらに，教員，学生，ゲストスピーカーが時間と距離の制約を超えてどこからでも授業に参加できることも大きい。先日の PBL 授業でも，クライアント企業の現地施設視察に30名のみ参加できる，という機会があった。希望者を中心に30名弱の学生のみ現地で参加し，それ以外の学生はオンラインで参加，その後現地組もキャンパスに移動してオンラインに合流しディスカッションを行

う，という授業を実現することができた。また，今後は海外出張中の教員，留学中の学生，海外からのゲストスピーカーなどと繋いで，現地からの臨場感あふれる授業を行う機会も増やすことができるだろう。

(2) 解決すべき課題は「セレンディピティ」の拡大

2020年の春学期（前期）はすべての PBL 授業をオンラインで実施した。学生が慣れるまでに時間はかかったものの，上記に挙げたようなメリットを享受し，非常に効率的に授業を進行することができた。学生の私語も気にならないため，教員も授業の内容に没頭できる。そのまま，スケジュールどおりに予選，本選を終え，充実した形で授業を終えることができた。

しかし，授業終了後に冷静に振り返ってみると，オンライン授業には PBL 授業において不可欠な何かが欠落していると感じるようになった。それは，「セレンディピティ（偶然の出会い）」から生まれるアイディアの広がりである。クライアント企業メンバーの話を聴きながら横にいる学生同士がアイディアをその場で交換する，また授業の休憩時間や終了後に教員と立ち話をする際にアイディアが思いつく，隣で作業をしている別チームや他クラスのチーム，LA との何気ない会話から発想が広がる，といったことである。これらがオンライン授業ではほぼ実現せず，例えば Zoom でいうと「ブレイクアウト」という区切られた空間に割り当てられ，対話できる仲間の範囲や時間もコントロールされる。これでは，「情報交換」「会議」「共同作業」はできても「新しい視点からの発想の広がり」はなかなか生まれない。オンラインでの講義を続けていると，学生の発想も，一度アイディアを出すとそれに固執し，なかなかプランが発展しない，というケースも散見された。これらのセレンティピティの欠如は，ビジネスデザインをするうえでは致命的だ。オンラインの良さは今後も最大限生かしつつ，あべの BDL のような開放的で多くの人が対話できる空間で，学生たちが「予想外な着想や発見」ができる機会を増やしていきたい。

（藤田勝利）

教員コラム▶最後に～学生たちとの対話から～

2020年10月，久々の対面授業の後，その場に残っていた2年生4名とあべのBDLの教室でテーブルを囲んで話した。テーマは，「PBL科目で学べること」。最初に，彼らから出てきたのは，大きく以下の点だった。

1. コミュニケーション力が磨かれる
2. プレゼンテーションでの表現力が磨かれる
3. 長期にわたるプロジェクトで仕事の進め方を身につけることができる
4. 他者との関わり方を学ぶことができる
5. 他者の長所や強みから学ぶことができる
6. 範囲の広いビジネス課題／テーマに対応する力を養うことができる

PBL科目は15週間にわたる長丁場だ。その間に，チームメンバーはもとより，教員，LA，そしてクライアント企業のメンバーの皆さんとのやりとりや協働作業の機会が数多くある。そうするなかで，伝える力，仕事を進める力，他者との協働力，課題解決力を着実に身につけてくれていることは間違いない。

その後，ある学生がふとこのようなことを語り始めた。

「一番難しいのは，意思決定を誰がどう行うかだと思う。通常の組織であれば意思決定する権限を持つ人がいるけど，PBLの授業では皆がフラットな立場。だからこそ，テーマや進め方を決めないといけない時に，ものすごく悩む」

全員に決定権があるときに，誰がどう決めていくのかは難しいという。この発言に，その場にいた他の学生も同意していた。

「チームで意思決定するために，話の持っていき方をいろいろ工夫している」

「自分の意思も生かしたいし，他者の気持ちも大切にしたい」

といった声もあがった。これらの会話を聞いて，私は非常に感慨深かった。チームの目標を達成するために，自分自身も生かしながら，他者も最大限に生かす。これこそが，社会に出ていったその日からリーダー誰もが直面する課題である。彼らが気づき始めたこの重要なテーマに，教員から提示する「答え」などない。この課題に気づき，葛藤をしながら，状況に応じて最適なリーダーシップの発揮のしかた，意思決定のしかたを学ぶ。これこそが，PBL 授業の醍醐味であるし，学生に学びとってほしいことだ。壁にぶつかりながらも確実に成長している学生たちをみて，頼もしいと感じた瞬間だった。

第8章　先行事例：立教大学

立教大学は2006年度に経営学部を開設し，それと同時に BLP（ビジネス・リーダーシップ・プログラム）をスタートした[(1)]。まず経営学部 BLP の勢いと人気がどのように全学向けプログラム GLP に波及したかを述べていこう（日向野）。そのあとは稲垣憲治さんが GLP そのものの最近の発展について説明する。稲垣さんは2010年度から経営学部 BLP の非常勤講師，そののち GLP 発足にも関わられ，2015年度からは経営学部特任准教授としていっそう深くコミットしてくださった。

1　経営学部 BLP から立教 GLP の開設へ

経営学部 BLP は，2006年に発足した経営学部の経営学科のプログラムとしてスタートした。最初の3年間は，学生の圧倒的な支持はあったものの，教職員の間ではもちろんのこと，学外でも無名の存在であった。2008年に文部科学省教育 GP に選定され，3年間の事業期間ののちの成果審査で「他に波及の見込まれるイノベーティブな取組」という異例の高評価を得たころから学外の高等教育界評判があがり，やや遅れて学内教職員による評価もあがってきた。他方，学生からの支持は最初から一貫して熱烈で，その原因は，第一に，開設当初からアクティブラーニング型授業を行なっていたこと（これも2010年ごろから学外での評判を上げる要因になった），および第二には経営学部 BLP が学部必修（自動登録）になっていたことをフルに活用して，ウェルカムキャンプ初日から卒業までずっと学生が学部にコミットしキャンパス生活の大部分が学部生活であるという，首都圏の大型私立大学には極めて珍しい組織文化を醸成するのに役立ったこと，であると思われる。経営学部での生活は他学部の立教大生から見ても魅力的に映るようで，経営学部生だけは1年生の最初から，一般教育の大教室に行ってもリーダーシップ（当時は「基礎演習」と呼んでいた）のクラスメートと一緒に着席しているくらい学部内に友だちがすぐ大勢できて，友だちをつくることを目的にしてサークルに入る必要が全然ないくらいであることが他学部生にも知られるようになった。フリーペーパーの企画で立教大生が投票する「憧れの学部」に経営学部が何度も選ばれたほどであるし，系列高校からの内部進学での人気も学部発足して数年すると断然トップになった。そのような下地があったので，経営学部 BLP と同じ産学連携型アクティブラーニングによるリーダーシップ・プログラム GLP が始まると告知されると，すぐ応募（履修申請）が殺到して定員を上回り，翌年度以降もクラスの増設を繰り返した（発足当初最初の科目 GL101 は20人クラスが 4 つだけであったのが，新座キャンパスにも開設するようになり，さらに増設を行って現在では15クラスにまで拡大した）。また，経営学部 BLP に興味があって立教大学の受験を考え始めた受験生に対しては，入学センターは「もし経営学部に受からなくても他の学部の学生にも開放されている GLP がありますよ」と説明をしていると聞いている。

そうした経営学部以外の学生からの興味・関心を受け止める場としての GLP の開設については，2012年の夏に小生が総長室に提案したところ2013年の春からスタートしてよいという異例の即断であった。この決定には当時副総長（のち理事長）であった白石典義氏（故人）の強い後押しがあったとお聞きした。白石氏は，立教大学出身で，長らく社会学部学部長を務めていた。その社会学部から産業関係学科をスピンオフさせ，併せて経済学部経営学科の一部を合流させて経営学部をつくり，BLP を経営学部経営学科に置いたのも白石氏である。その意味で小生の仕事は，白石氏の用意してくれた 2 つの入れ物（BLP と GLP）の中身を，主査として11年かけて充実させたことだけである。

経営学部という特定学部（BLP）と，全学カリキュラム（GLP）との両方にそれぞれ受講生数百人規模のリーダーシップ・プログラムを擁しているのは依然として立教大学の大きな強みである。小生の知る限りリーダーシップ教育の先進国である米国の大学にもこの規模のものが学部と全学両方にあってなおかつ両者が連携している例は見当たらない（最近になって共立女子大学がこの方向にむかって一歩を踏み出したと言える。第 6 章参照）。

また，BLP/GLP で学習成果目標に定めている「権限によらないリーダーシップ」「全員で発揮するリーダーシップ」は，早稲田大学など本書に掲載されている大学ほか全国で20大学近くにのぼる大学におけるリーダーシップ教育が最初でもある。小生が2016年度から早稲田大学でリーダーシップ教育を始めたときにも（第6章参照），全学部・全学年の学生が混在する立教 GLP を立ち上げて拡充していった経験は大いに役立った。その意味では早稲田の章は立教とどう変えたかを主に記述していたのであり，立教のこの GLP が出発点だったのである。ではここで，全学 GLP での小生の後任として2017年度から GLP 主査を務める稲垣憲治さんに交代して現在の GLP について活気あるレポートをしてもらおう。

（日向野幹也）

2　立教 GLP のカリキュラム

立教 GLP は8つのプログラムで構成されている（**図表8-1**）。それらはバラバラに存在するのではなく，系統立てて作られている。その建て付けを説明しよう。

まずはじめは経験学習である。（日本語トラック：GL101 英語トラック：GL111）そこで学生たちは今の自分にできること，できないこと，他者と協働することの楽しさ，大変さを身をもって学ぶことになる。

毎年様々なドラマが生まれている。授業外でのチームミーティングをサボるものが出てきたり，意見がぶつかったり，チームが崩壊しそうになったりもする。教員や学生アシスタント（Student Assistant 以下 SA）に相談に来るものもいる。授業が終了して1年経っても定期的に食事をしたり遊びに行ったりするチームもいる。学生の言葉で言えばガチな授業が展開される。

次に，その経験を基に自分がさらに身につけたいスキルを得られる授業が日本語トラックでは3種類（GL102, 103, 201），英語トラックでは1種類（GL202）用意されている。

1つ目。他者のリーダーシップを開発するための授業（GL102）

これは，GL101 や GL111 を受講して，リーダーシップを発揮するチームの素晴らしさに目覚めた学生が，自分のゼミや部活などにリーダーシップ文化を

図表8－1　立教GLP科目体系図

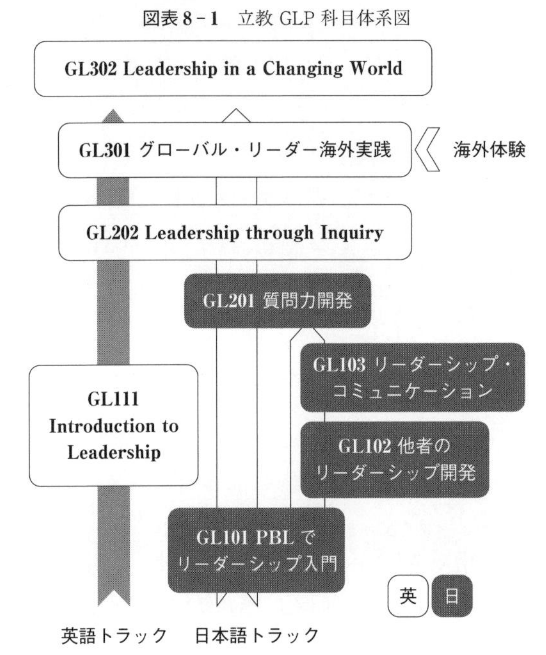

（出所）立教大学オフィシャルWebサイト「グローバル・リーダーシップ・プログラム」

取り入れるためにはどうしたらよいのか考えるものだ。また，GLPの授業の特徴である，単なるプリント配りではない，授業を運営する要ともなるSAをめざしたいという学生の要望にも応えるものといえる。

２つ目。自己理解と他者理解，そしてコミュニケーション力を深めるための授業（GL103）

これは，受講生の声に応えるべく，2020年度に新しく立ち上げたものである。GL101やGL111を受講して，チーム運営の難しさを実感した人たちが多くいる。自分のこと，チームメンバーのことが分からなくなったり，どのようにコミュニケーションを取ればもっと上手くチーム活動ができたのかを考えこんだりする学生が多い。そして，その答えを見つけるきっかけとなる授業があれば良いのに，という声を多く聞いてきた。その一つの答えである。

３つ目。質問力を高めるための授業（日本語トラック：GL201，英語トラック：GL202）

GL101やGL111の授業では，グイグイ引っ張っていくタイプのリーダーシップを発揮して，振り返りの際にメンバーからのフィードバックでそれがやりすぎだったことに気づかされる人も多い。じゃあどうしたらもっとメンバーに受け入れられるリーダーシップにできるのか？　また，自分の意見を上手く伝えられないときにどんなふうにリーダーシップを発揮すればよいのだろう？と考える学生もいる。そんな人たちに受けてほしいコースである。

質問会議とコーチングの手法を学びつつ，それらを使いながら，GL101やGL111とは一味違ったプロジェクトワークを展開する授業である。この質問力を高める授業は日本語トラックと英語トラックの両方が用意されている。英語がまだまだ苦手という学生が多いが，むしろ，意見を言いにくいからこそ，質問の威力を実感できると考えている。そのことで，自身がグローバルに活躍できるという自信を身につけてもらいたいと切に思う次第である。

そして，様々な経験と学びを試す場として，次のコース（GL301, GL302）が設計されている。

海外で，立教大学の指定する海外学習プログラムを受けてきて，そこでのリーダーシップ発揮を試みるものと，海外から講師をお招きしてリーダーシップに関する新たな知見を学ぶものである。いわば，他流試合を行うことで，自分のリーダーシップを見直してみることができるという仕掛けである。

以上立教大学 GLP の系統だった8つのプログラムを俯瞰してみた。このプログラム群は，学生の様々なニーズに応えることができるだけではない。実は，やろうと思えば，大学4年間を通してリーダーシップ・プログラムを受講し続けることができることに大きな価値があると考えている。

リーダーシップを発揮するというスキルを無意識レベルにまで刷り込ませるにはある程度の期間は必要であろう。また，この GLP という学びを吸収し続けることができる環境に身を置くことで，表面的なノウハウの後ろ側に潜む原理原則のようなものも身につくことが期待できる。よく心理学で使われるマクレランドの氷山モデルで言えば，価値のレベルでリーダーシップが身についていけば，行動は自ずと変わっていくというものだ。

私は，様々な大学でリーダーシップ教育を始めていることはとても素晴らしいことだと考えている。それらの大学にぜひお願いしたいことは，それを一過性のものや，形だけのものにするのではなく，継続的に学んでいけるカリキュラム群に発展させていって欲しいということである。

立教大学 GLP も，最初は，GL101 と GL201 しかなかったのだ。それを少しずつ発展させていき，今の姿になっているのである。

さらに言えば，立教大学 GLP も今が完成形ではない。GL103 が2020年にスタートしたというのが象徴するように，まだまだ発展していくものだと考えている。

さて，では8つのプログラムをもう少し詳しく説明する。

図表8-1にあるように，全体は日本語トラックと英語トラックに分かれているので，まずは日本語トラックの4つのプログラムから説明したい。

(1) 看板プログラム GL101

日本語版 GLP へのスタートポイント。企業から出される課題に対して5名程度のチームで取り組み，課題解決提案をするという，PBL（プロジェクト・ベースド・ラーニング）を行う。学期の途中と最後に相互振り返りを行うことで，自分やメンバーの発揮する様々なリーダーシップの存在に気づくことができる。また，チームメンバーからのフィードバックにより，自分が正しくリーダーシップを発揮していると思っていたが，実はそうではなかったという事実や，逆に自分では気づいていなかったが，発揮しているリーダーシップがあることを指摘される。そのことにより，本当の自分なりのリーダーシップを知るとともに，その多様な発揮の方法を身につけさせる。

2020年度は Zoom による完全オンラインで実行したが，受講希望者は定員300名に対して960名あまりと，3倍を超える応募があった。2013年に GLP をスタートしたときは4クラス100名程度の応募者だったが，よく育ったものである。

この大人気の影には SA，コースアシスタント（以降 CA），そして事務局の大活躍があるのだが，それは後ほど記載する。また，定員300名をカバーするために，15クラスの同時開講を行うわけだが，それをどう回していったのかも後ほど記載する。

(2) GL102

GL101 を終えた学生は4つの上位科目履修のオプションを得ることができる。

その１つ目がGL102である。これは2017年に開講されたものである。自らのリーダーシップ開発をするという視点から，他者のリーダーシップ開発に視点を移す。学習理論などの知識のインプットを行い，GL101での経験を消化する。それら知識と経験を踏まえて，受講生自身の所属するサークルやゼミなど身近な場面で役立つリーダーシップ開発プログラムをつくり，実践してみるのである。SAをめざす学生はまず受講したいと考えるようだ。こちらも２倍近くの倍率でなかなか人気である。

(3)　GL103

２つ目のオプションはGL103である。これは2020年度に新しく開講した。自己理解と他者理解を推し進め，より効果的なコミュニケーション力を身につけさせるものである。本年度はエニアグラムとNLP（神経言語プログラミング）をベースとした内容で行われた。

新規開講にも関わらず，受講定員の２倍以上の応募があり，GLP受講生たちの学びへの貪欲さを伺うことができた。受講した学生からは，「自分が今まで悩んでいたことの理由がわかった！」「どう接すれば他人とうまくやっていくことができるのか，そのヒントを得ることができた」などというコメントがよく飛び交っている。

(4)　GL201

３つ目のオプションはGL201である。これも2013年のGLP開講とともにスタートした。リーダーシップの発揮に質問力はとても役に立つ，という考えからだ。

自分の意見を強力に押すことだけがリーダーシップの発揮ではない。課題を明らかにし，他者の意見を引き出し，解決法をディスカッションするために，質問力は大きく貢献してくれる。授業では，アクション・ラーニングとコーチングを題材に質問の様々な効果とその方法を学び，PBLでその威力を発揮するという構成である。受講者からは，「質問力を学んで，GL101の時とは違ったリーダーシップが発揮できるようになりました」という声を聞くことがよくある。

以上の日本語トラックと並行して英語トラックが走っている。

(5)　GL111

GL101の英語版で内容はGL101と同じである。違いは，受講者に英語のみで修了するグローバル・リベラルアーツ・プログラム（GLAP）の学生と留学生が含まれること。GL101とは違った多様性の中でリーダーシップを学べることはよい経験になると考えている。また，実際グローバルな環境下で自分のリーダーシップがどれだけ通用するのかということを知るためにも受講を勧めている科目である。

(6)　GL202

GL201の英語版。内容はGL201と同じ。GL111と同じく，GLAP生と留学生と学ぶ機会が得られる。日本語よりはコミュニケーション力が劣ると思われる英語環境だからこそ，質問力の力強さをより実感することができる。さらに，GL111同様自分の真の実力を認識するために，そして伸ばすためにぜひ受けてほしいプログラムと言える。

(7)　GL301

まったく新しい環境下でどれだけ自分はリーダーシップを発揮することができるのか？　そんな挑戦をすべく，指定された海外学習プログラムに参加するという，いわば他流試合実力確認プログラム。試合先は**図表8-2**を参照。

どのプログラムも2週間程度海外で何らかのプロジェクトに参加するもので，夏休み，または春休みに行われる集中プログラムである。

どのプログラムも実践型で開催される。私はベトナムで行われる「海外ビジネス武者修行プログラム」を見学に行った。会場には優秀なファシリテーターチームが万全の態勢で待ち構えていた。そこに全国から集まってきた学生たちが4-5人の小グループに分かれ，割り振られたお店（実際に商売をしている店

図表８－２　2020年度 GL301 指定海外プログラム

2020年度 GL301 指定海外プログラム

ベトナム・ホイアン
海外ビジネス武者修行プログラム
実践型ビジネス研修でチームでの企画に挑戦

タイ・チェンライ
タイボランティアプログラム
山岳民族の文化を理解し，地域発展へ貢献

フィリピン・タガイタイ・NPO 団体
CMSP Children's Village プログラム
現地 NPO 団体の協力の下，教育・福祉問題に取り組む

アメリカ・シアトル
iLEAP グローバルリーダーシッププログラム
リーダーシップを学び自分の人生の気づきを得る

アメリカ・サンフランシスコ
Volunteers in Asia プログラム
社会問題解決の最前線を学ぶ

香港・香港大学／現地企業
香港大学人材開発プログラム
名門香港大学の学生とキャリアについて考える

（出所）立教大学オフィシャル Web サイト「グローバル・リーダーシップ・プログラム」

舗である）をよりよくするため，与えられたミッションを解決する提案をオーナーに行うというものだ。学生たちは，蒸し暑いベトナム・ホイアンの街を自転車で駆け回り，観光客などにインタビューを行い，議論を重ね，お店の新メニューや内装の変更などの提案をする。もちろんオーナーが意味がないと思えばバッサリ切り捨てられる。本当にリアルなビジネス体験をする場なのだ（図表８－２）。

その渡航前授業において自分の発揮するリーダーシップの目標設定を行い，お互いに宣言し，帰国後にそれが実際どうだったのか，また海外プログラムから学んだものは何だったのか，振り返りを行う。

この GL301，海外でリーダーシップを学ぶ機会ということが人気で，それぞれのプログラム合計で毎年100名ほどが参加するのだが，2020年度はコロナの影響で実施できなかったことが残念である。

⑻　GL302

これは海外大学から講師を迎え，集中講義として行っていた。こちらも，夏休みなどに行う短期集中プログラムである。

映画などの題材を使いながら，倫理的な観点，困難な場面での決断，多様性

への対応，などの議論をリーダーシップの視点から行っていた。コロナ禍で2020年度は休講。今後はその内容も刷新し，開講する予定である。

以上が８つのプログラムの説明である。

(9)　受講者の声

では，実際 GLP を受講した受講生はどう思っているのか。授業評価アンケートに寄せられたコメントを紹介したい。

学生が書いている文章をそのまま載せているので，意味が取りづらいところもあると思う。そのため，各コメントごとに簡単な説明を付けてみた。これを読むことで，どんなところに気をつけて授業を組み立てているかがわかり，授業のつくり方のヒントにもなるということを想定している。なお，学生のコメントは，すべて2019年度に行われた GL101 稲垣クラスのものである。

①　少人数で１人ひとりと濃く関わることのできる授業だったので，いろいろな学部の人とたくさんコミュニケーションをとることのできる非常に貴重な機会でした。授業外でも自ら学ぶ機会を得られ学びを深められました。受講してよかったです。

「少人数で…いろいろな学部の…」GL101 は，各クラス20名，経営学部を除く全学部全学年が対象のプログラムなので，多様性に富むメンバー構成の授業である。
「授業外でも…」授業外でグループワークを行う授業設計のため，受講生は毎週多くの時間をチームメンバーとディスカッションすることになる。たまに，GLP にのめり込みすぎて専攻の授業を疎かにしないように注意する場面もある。

②　担当の先生，SA がすばらしくすてきな人で本当によかった。適切なアドバイス，相談。道を示すのではなく道を見つけられるようにサポート

して下さった。時間がないなかでどのように課題に取り組んでいくのか，回数を重ねるごとにできるようになった。自分自身の成長だけでなく，仲間やチームと一緒にたくさんの壁を乗り越えてこれたこと。

「道を示すのではなく…」基本的に教員も SA も，答えは言わないで，コーチングのように問いかけるスタイルのコミュニケーションを行う。

③　すごく授業の目的がはっきりとしていたので１回１回の授業を大切にできた。グループワークをするなかで自分がリーダーシップを発揮できていると感じる瞬間がたびたびあった。個人課題やグループワークによって今まで自分が考えたことがないことを考えるきっかけになった。毎回内容が濃くておもしろかった。他の人の発表を見たりして自分も見習おうと思えた。

「すごく授業の目的が…」グループワークが多いので，毎回何を目的として行うのかは，明確に示していた。
「他の人の発表を…」受講者同士の観察・フィードバックの重視は GLP の特徴の一つである。

④　各回で明確な目的を共有し，グループワークで着実に目標に近付くことができた点。最初はビジネスプランを３カ月で考えるのは無理だと思っていたが，１つひとつの授業をこなしていくうちにアイデアが形になっていってちゃんとビジネスプランになっていくところがとてもおもしろかったし，これからに生きると思う。

「最初はビジネスプランを…」ステップを踏んで進んでいける授業プランにしている。また，そのステップの全体像を受講生に先に示している。そうすることで，自分が今どこに向かっていて，どの程度進んでいるか，それがわかるようにしている。ゴールまでの地図と経路を示している。

今どこにいるのかわからないという状態にさせない。そして，小さいステップでも前に進んでいるという成功体験を得させることが重要である。

⑤　学生が主体的に行う授業でよかったと思う。先生に言われたからやるのではなく学生自体が問題を話し合い解決する方法を探る授業で自分の力になったと実感できる授業だった。教えてもらうのではなく自分で道を探すという部分では実践的で将来役立つと感じた。

「学生が主体的に…」主体的に動くチームやクラスを作り出すためには，教員と SA が詳細にクラスを観察し，どんな小さな主体的な行動（例えば，誰かがポストイットを配るのを手伝ったとか）も見逃さず，それをすかさず褒めることが重要である。「主体的になってください」と言ったからといってそうなるわけではない。主体的に動く姿が称賛され，ああ，この行動が主体的な行動なんだ，と理解すること。さらに，それが自分にとってよいことだと思えて初めて人は動くものである。
「教えてもらうのではなく…」ここでも，教員 SA が答えを渡すのではなく，問いかけていたことが評価されている。

⑥　まずこの授業形式がとてもおもしろかったです。チームで課題に取り組むという経験はあまりしたことがなかったので素晴しかったです。この授業を通して，リーダーシップを学べたのはもちろん，ビジネスの進め方なども少し学べた気がします。全立教生が取り組むべき授業だと思います！

「全立教生が…」私も強く賛同。

⑦　自分とはまったく違う考え，性格の人たちとグループを作り，その人たちと上手くコミュニケーションを取っていく術を学ぶのにとてもよい機会だったと思う。多様性が上手く機能すればよい結果を出せるのだとい

うことを知りました。だからこそ，自分と違っていることを頭ごなしに否定せず受け入れるということが大切だと知りました。

「自分とは…」様々な葛藤を乗り越えて学びに昇華することができたと思われる。一つの目標を追いかける上で発生する色々な問題を解決することで得られた経験は，今後の人生に向かう上で大きな価値となるだろう。

⑧ 社会に出るとあたり前に要求されるような力を，まだまだ発展途上の大学生のうちに学ぶことができて，とてもよい経験をすることができた。また，自分の足りない所に徹定的に気づかされて，これから，生きていく上での目標がたくさんできた。

「自分の足りないところを…」チーム内ではお互いの行動を相互にフィードバックする機会がプロジェクト途中とプロジェクト終了時に設けられている。その際に，単なる感覚の話にならないように，SBI（Situation-Behavior-Impact：どんな時に，どんな行動が，どんな影響を与えたか）形式で行う。この形式だからこそ，この受講生のように気づきが生まれ，新たな成長のための目標が生まれるのである。

以上８名の声を記載した。授業評価アンケートはおそらくどの大学でもやっていると思う。大抵マークシートなど選択式のパートと，記述式のパートがあるのではないだろうか。そして，記述式のところは未回答が多いのではないかと想像する。学生にしてみれば，記名式でもないものに，わざわざ記述するモチベーションがある授業は少ないのであろう。今回ある程度きちんと書いている学生のものを挙げたが，この2019年度 GL101 稲垣クラスは，20名の受講生のうち19名が何らかのコメントをしていた。

3 学習効果

以上見てきたように，受講生たちは多くのことを学んだと主張している。さて，その主張は本当なのだろうか。

それを見極めるのはなかなか難しい。GL101を受ける前の状態をきちんと押さえているわけではないし，GLPの授業と並行してそれ以外の授業も受けているのだから，何かの変化が見えたとしても，GLPを受けていたからかどうかは厳密には分からない。だが，異なる学部学年の人間で接点がGLPしかないような人たちが共通する行動様式をしていたら，それはGLPの影響だと言ったとしてもそれほど間違いではないであろう。では，どんな学習効果があったのかを紹介したい。

(1) 主体性の発揮

授業で促しているということもあるが，GLP受講生は様々な提案をしてくる。授業内容についてや，教員・SAに対しての要望などをしてくるようになる。課題へのフィードバックを依頼するようにもなる。

さらには，「もっとリーダーシップを発揮するためにいろいろなことを学びたいので，ゼミを開きたいと思います。つきましては先生お願いできますか？」と言われて始めたゼミがすでに3期目である。金曜の1限（08：50-10：30）に単位も出ないのに真面目に参加してくる学生がいること自体に驚く。

ゼミのテーマは，その期に集まったメンバーの興味によりまちまちだが，論理思考，キャリア開発，自己理解，社会課題解決など多岐にわたっている。

(2) 行動力の増加

PBL型の授業を受けた学生がよく言うのが，「本当にクライアントにはこのアイディアを実施してほしい」という言葉だ。ところが，実際はなかなかそうはいかない。アイディアの質だけでなく，クライアントの抱えている様々な状況がそれを難しくしているのだが，学生の視座からはそれらは見えない。

そして，企業でインターンシップをしたりするなかで，あちら側の事情というものを少しずつ知っていき，納得したりする。

一方で，課題からアイディアを生み出すプロセスは学んでいるので，自分でなんとかしたいと思った社会の課題，例えば保護者の収入の差による子どもの教育格差の解消に取り組んでいる学生がいる。また，ブロガーとして地方創生のお手伝いを自治体と組んで行っている人もいる。提案に留まらず，実際に行動を起こしている人たちもいるのである。

(3) 社会への関心の増加

先ほどの教育格差，地方創生も社会問題だが，他にもホームレス救済，日本文化の保存など，いろいろな社会問題について興味関心が高まり，なんらかの行動を試みようとする学生もいる。

おそらく，企業の課題を解決すべく，その企業の周辺のことを調べているうちに，いろいろな社会課題に目が行くようになり，興味関心が出てくるのではないかと考えている。

総じて言うと，学生達は社会に出て活躍するための準備として，立教大学GLP でリーダーシップを多方面で発揮できるようになっているということではないだろうか。

4 クライアント企業の声

さて，読者の中には，この立教大学 GLP 授業プログラムに関わってくださっている，クライアント企業の声が気になる方々もいらっしゃるのではないかと考える。実際のところ，クライアント企業はなぜこのプログラムに参加しているのか。そこから何を得ているのか。その辺りをいくつかピックアップしてみたい。

(1) GL101 本選に参加した際のクライアント企業の感想

学生さんの熱量，そして，学生さんにまったく劣らない先生方の熱量も感じながら，各チームののびやかなプレゼンテーションを拝聴でき，本当にこちらも学びの多い時間でした。

結びの先生のコメントにも個人的にぐっときました。

自分が学生のときに，こんな授業が受けられたら！　こんなふうに言ってくださる先生に巡り合えていたら！

私の学生生活悔いなしですが，それでもうらやましいな～と素直に思いました（笑）。

社会の荒波にもまれる前に，自分の船の進ませ方を学ぶようなそんなカリキュラムですね。

運営ならびにサポートのみなさまにもよろしくお伝えください。

⑵　GL201 質問会議に参加した際のクライアント企業の感想

とても学び多く，楽しい時間でした！

参加した他のメンバーも口々に，

- 皆さん本当に本質に迫る質問をされていてすごかった
- とても参考になった，早速チーム間でシェアしたい
- 今日質問してくださった学生さんともっと話したい

などと言っております！

⑶　GL201 本選に参加した際のクライアント企業の感想

具体的に実行に移したいアイデアなどもありました。

これまで GL201 の授業で弊社製品を取り上げていただき，感謝申し上げます。

クライアント企業は，様々な意図を持ってこのプログラムに参加されている。一番多いのは，学生たちの新鮮なアイデアを聞いて刺激にしたいというものだが，それ以外にも，企業に興味を持ってもらって，インターン生として，最終的には就職先として志望してもらえれば，と考えているところもある。また，先進的な企業では，学生たちのなかに社員を入れ，同じチームとして半年間活動させ，リーダーシップを学ばせたところもあった。その期では，毎回の授業後に，学生からチームメンバーとして社員にフィードバックをさせていた。私のクラスで受講されていた社員の方は，最初いらっしゃった時はとても引っ込

み思案な方だったが，その期間に目覚しく発言回数が増え，主体的に学生たちと関わりだすという変化を見せた。その企業の人事部の方とお話しする機会があったが，社内でもその社員の方は見違えるように積極的に活動するようになったということである。

また，別の企業では，毎週クラスに幹部社員1名が張り付き，プロジェクトを進めるなかで学生たちから出てくる質問にその場で答えるということをしてくださった。通常，クライアント企業が授業に訪れるのは，プロジェクト課題の説明の回，中間発表，本選の3回程度。質問に答えるのは，間接的にメールなどで行うのが一般的だ。では，その企業はなぜ毎回社員をそれも幹部を派遣していたのか。それは，学生たちの素朴な疑問から新たな気づきや，自分たちが見過ごしている問題点が見えてくるのではないか，それをいち早く取り入れるためにはどうすればよいか，と考えてのことだった。

授業は毎期同じように見えて，クライアント企業がどのように関わるかでその様相はまるで変わってくる。

クライアント企業探しに苦労されている学校の方がいらっしゃれば，上記のような事例をお話しいただき，このような関わり方もあるということをお伝えになると，何か変化のきっかけになるのではないだろうかと考えている。

5 SA 教育

ここまで読んでいただくと，立教大学 GLP がかなりよいものに見えてくるのではないかと思っている。この授業は，前に述べたように，学生アシスタントである SA が教壇に立ち，毎週100分授業をファシリテートする。その時に使うスライドも教員の監督のもとに CA を中心に用意されたマスタースライドを SA がブラッシュアップし，課題も SA がフォーマットを準備してメーリングリストに流している。なんとなれば，授業外で受講生たちがグループワークをする際，SA はオブザーバーとして参加したりもするのである。

つまり，この GLP 授業群の良し悪しの鍵を握っているのは SA と CA である。そして，SA も CA も毎期替わる。なかには2回3回とやる学生もいる。

では，そんなスーパー SA，スーパー CA を教員はどのように育成しているのだろうか。

(1) 選　抜

まずその育成は選抜プロセスから始まる。どういうことか。その選抜におけるこちらからの情報の出し方の一つひとつが，すでに候補者にその場ではどうあるべきかを伝えていることになるからである。つまり，これは選抜プロセスでありつつ，教育プロセスになっているのである。例えば春学期のための CA & SA 選抜は前年の11月頃に公募することから始まる。応募するためには志望理由書を提出する必要がある。

そこには以下の内容を記入していただく。

- 志望理由
- CA & SA としてどんな貢献ができるのか
- そう言える理由
- SA 業務との両立が難しくなるかもしれないその他の活動
- その克服方法

つまり，貢献をすること，どんな活動があってもそれを克服して CA & SA 業務を行うこと，という前提を組み込んで作成している。

その後，グループディスカッションをし，直後に個別面談を行うのだ。グループディスカッションでは，各人の動きを以下のような観点から見ている。

- 志望理由書の内容と齟齬がないか
- 全体を俯瞰できるのか
- アイディアを出せるのか
- 最後まで諦めずにゴールをめざすのか
- コミュニケーションは論理的か
- 相手の立場や考えを理解してコミュニケーションできているか
- 無駄がないか
- 相手の考えをすぐに理解できるか
- 場をコントロールできるか

要するに CA & SA として求められる行動はとれそうか，協調して目標に向かっていけるかを見ている。

なお，ディスカッション課題はどんなものでも上記の観点を見るにはよいが，できるだけ公平性の担保できるものだとよいだろう。例えば，学部によって得て不得手が出ないようなものが望ましい。

今までの例で言うと

- 日本の主婦が選ぶ「輝け！第１回くだもの大賞！！」になった果物は何？その理由とともに述べよ
- GL101を受講していない立教生にその良さを最も効果的に１分で，口頭で伝えてください。目標は，その学生が受講申し込みをすること

などである。

グループディスカッションの直後の個別面談では大抵聞くことは以下の通りである。

- 今のグループディスカッションでは，自分の力は10点満点で何点発揮できていたか
- どうしてその点なのか
- 10点になるためには何があればよかったのか
- 自分の強みと弱みは何か
- グループディスカッションで一番よかったのは誰だったか，そしてその理由は

〈ここからはグループディスカッションとは関係なく，一般的な問いです〉

- こんな人と一緒だと，自分の力を一番発揮できる，と思える人はどんな人か
- こんな人と一緒だと，自分の力を今ひとつ発揮できない，共にいられないと思う人はどんな人か
- CA & SA になったらどんなクラスをつくりたいか

これらの質問で，だいたいその人がどのような人かわかる。そして，教育という観点でいうと，最初の５つの質問が自分の行動を振り返るフレームを提供することになる。また，これらの問いは，今後ことあるごとに使われることになる。

志望理由書，グループディスカッション，面談，この3つの資料を踏まえてCA & SA チームを選出する。その時に大切なのは，グループダイナミクスを考えることである。立教 GL101 であれば，15人の SA と1人の CA 合計16人を選ぶことになる。その時にバランスを考えずにとにかく積極的に発言する人ばかりを採用してしまうと，収集がつかないチームになってしまうことはお分かりだろう。

もう一つバランスとともに大切なことは，教員とのマッチングである。教員もいろいろなタイプの人間がいる。教員も SA も優秀だとしても，人間として合う合わないがあるのだ。これらすべてを考慮に入れて CA & SA チームは選ばれるべきである。

(2) 事前合宿

通常1泊2日で事前合宿を行う。ここでのプログラムは以下の通りである。

① アイスブレイクで自己開示

これからチームとして半年間駆け抜けるための下地をつくるのが目的。それを楽しくゲーム性を持たせて行う。

② ファシリテーション実習

合宿のメインとなるプログラム。通常教壇に立ち，20人の前でファシリテーションをする経験をしている学生はいない（塾の講師とはまた違うスキルと捉えている）ため，どのようにすればよいのかをレクチャーする。その後，授業の冒頭部分を自分なりに構成し，それを参加者を受講者に見立てて行う。それに対して全員からフィードバックを行うもの。毎年この研修は，大変ためになったと多くの CA & SA から言われている。私の長年のファシリテーション・スキルのエッセンスを盛り込んだものである。

③ 自己開示ぶっちゃけ

夜のリラックスした時間に，さらに突っ込んだ自己開示をする場。昼間のプログラムでかなり打ち解けていることと，質問力を学んでいるメンバーが大勢いるので，その人の本質が暴かれることが多々ある楽しい時間。チームビルディングという観点でも重要。

④　GLP 再確認

受講生でなく運営側として立教大学 GLP を GL101 から GL302 まで，受講生からの質問にも正しく答えられるようにするとともに，どこに向かっているかを理解するための時間。

⑤　目標の宣言

この半年，自分のクラスをどんなクラスにしたいのか，そのためにどんな行動をとるのか，紙に書いて，その場にいる全員に宣言する。

これが事前合宿として，春学期のためには3月中に，秋学期のためには8月または9月の前半に行われている。ただし，2020年は，コロナの影響で，まったく違う形になった。そのことについては後ほど触れる。

さて，合宿が終わると，いよいよ学期がスタートする。授業開始までの期間で各クラスの教員と SA はそれぞれ打ち合わせを行い，最初の授業をどう進めるかをマスタースライドと概要書に沿って考える。

CA が中心となりできるだけ前倒しでマスターとなる授業スライドと概要書を作成する。「中心となり」というのはどういうことか。実は，SA も全14回の授業のマスターのいくつかを「授業担当 SA」として受け持ち，CA とともに作成するのだ。1回ずつの授業につき，CA と SA 2人という3人体制でつくっていく形が GL101 ではスタンダードである。

第1回目の授業はクラスビルディングと全体像を伝えるガイダンスのようなものなので，割とゆったりしている。受講生が「この授業&クラス楽しそう！来週も楽しみ！」となっていればよい。

そして，授業後に，全教員・CA & SA・事務局が集まって授業後ミーティングが開かれる。ここも CA & SA の学びの場である。

(3)　授業後ミーティング

授業後ミーティングは毎回授業後に行われる。そこで各クラスから，本日の授業でうまくいった点，発見された課題の共有が行われる。そこで共有される内容は，うまくいった点も課題もそれぞれのクラスで今後活かされるリソースとなる。15クラス並行で授業を行っていることで，様々な他クラスの事象を学ぶことができるのだ。本日の授業の振り返りが一通り終わると，CA と授業担当 SA から次回の授業の概要が説明される。その説明に対して教員とその他の SA から質問や提案が出される。この場での教員を交えたディスカッションも CA & SA にとっては大きな学びになる。視座も経験も考え方も違う複数の大人からの指摘は時として受け止められる許容範囲ギリギリまで行っているように見える時もあるが，それがまた成長の時とも言える。そんな場を何度も見てきた。

そして，毎週の授業後ミーティングで出た様々な提案を盛り込んだマスタースライドと概要書を CA と担当 SA がただちに作成し，翌日中に教員と CA & SA の SNS グループで提供する。そして各クラスの SA は担当教員と自分たちのクラスをどう運営するかミーティングを行うのである。

さらに，各クラスの SA と教員のミーティングで出てきたアイデアを吸い上げる仕組みがある。それが CA & SA ミーティングである。

(4) CA & SA ミーティング

これは，CA & SA だけで運営されるミーティングである。ここで，各クラスの SA と教員のミーティングで出てきた，アイデアを相互に学ぶことになる。受講生を乗せるファシリテーション法だったり，スライドの効果的な使用法や，おもしろいアイスブレイクなど。これらをざっくばらんに情報交換し，お互いの悩みを共有し，励まし合い，モチベーションを維持するという場である。

もちろんいろいろな情報も学びになるが，こういった場を設定することそのものが有効であるということ，そして同じ目標に向かっている仲間の存在がどれだけ自分に力を与えてくれるのかを学ぶことになるのである。

以上 4 つの仕掛けが立教大学 GLP を有意義なものにしてくれている CA & SA を育成する仕掛けとして行われていることである。

今後の立教大学 GLP の維持発展のために，まだまだ改善の余地はあるのだろうが，現状この仕組みはよく回っていると考えている。様々な学校で行われているであろう授業運営の工夫を共有できる仕組みができるとさらに日本のリーダーシップ教育の前進は加速するであろう。

6 2020年オンライン化

さて，先ほど，(2)事前合宿の箇所で，2020年はコロナの影響で，まったく違う形になった，と述べた。さてどうなったのか。

実は，事前合宿は中止になった。濃厚接触の危険性が高いということで，大学側が，全ての合宿（部活，ゼミ）を中止にした。そして，授業開始も5月の連休明けからオンラインで行うということとなり，様々なオペレーションを見直すことになった。

ではこの2020年，立教大学 GLP は春学期をどのように乗り切っていったのか。以下は，教員・事務局・CA & SA のリーダーシップの発揮の軌跡である。

(1) 3月：オンライン授業の決定

立教大学の2020年度の春学期の授業はすべてオンラインで行う，という決定が伝えられたのは3月の中旬だった。

GLP 事務局は，受講生減少を危惧した。なぜか。例年紙媒体で全新入生に配布していた「GLP プログラム案内」を配布することができなくなった。それに加え，各学部の説明会において時間をいただき，GL101 の説明をしていたが，その説明会そのものがなくなった。つまり，宣伝することができない状態になったのだ。

全部で4000科目を超える全学部カリキュラムのなかの一つという認識になってしまった時，十分な受講生を集めることができるのか？　GLP 事務局の危惧はもっともなものであった。

もし定員割れだった場合，確保している教員の方々に多大な迷惑がかかる。立教大学では，その多様性を確保するため GL101 に関わる教員の2/3近くの方は学外の実務者，企業で働く方や人材開発などのフリーランサーで構成されている。学外からいらっしゃる方々は，この授業のために4月から7月まで毎週火曜の午後をブロックしてくれているのである。それが直前で「定員割れのため，お越しいただかなくても結構です」ということになったら……。そして，SA も活躍の場がなくなり，がっかりするだろう。それに，彼らもその時間は受けたい授業があっても取らずに空けてくれているのだから。

そして，事務局から私に相談があった。「SA & CA チームに，応募する学生を増やすための活動を何か考えていただき，実行することをお願いできないだろうか？」

これは重要かつ緊急な案件だ。ただちに CA をすることになっていた廣岡さんにその旨の連絡をした。

彼らは，顔合わせとチームビルディング，そしてオンライン授業という新しい環境下でどのようにファシリテーションをしていったらよいのかを検討しようと考えていた。私が今まで事前合宿で伝えてきたファシリテーションのポイントを知る廣岡さんがいれば，その勉強会はなんとかなるだろうと私は考えていた。

そこにこの重要かつ緊急なプロジェクトがやってきた。受講生がいなければファシリテーションがいくらできても仕方がない。彼らはその勉強会の時間枠の中で，議題の一つとして応募学生を増やすためにどんな活動をしたらよいのかを話し合ってくれた。そしてその勉強会の直後，自分たちの広報活動案を事務局に提案，協力を取り付けた。

具体的にどのような提案だったか。

まず CA & SA 全16名を 4 つのサブチームに分けた。体験談コンテンツチーム，説明会コンテンツチーム，Twitter 発信チーム，Instagram 発信チーム。それぞれ 3 ～ 4 名。事務局には立教大学 GLP 公式の Twitter と Instagram のアカウント作成を依頼した。事務局は直ちに学内の調整をし，最速でアカウントを用意した。そして，体験談コンテンツチームが自分たちで GL101 の何がよかったのかを語る体験談動画を何本か製作した。それらの動画を Instagram 発信チームが配信，Twitter 発信チームはそれをリンクしつつ，Twitter チームのつくるコンテンツを発信。また，オンライン説明会を行うことを告知した。

そして，説明会コンテンツチームが新入生に刺さる説明会コンテンツを作成し，Google meet のストリーミングを使って2回の説明会を開催。のべ1,437名がアクセスしたという。

できたばかりの CA & SA チーム全16名が「どうする，どうする」とお見合い状態になるのではなく，少なくともサブチームの3～4名で最善の道を話し合い，どんどん行動することで，結果的にチームビルディングの機能を果たしたプロジェクトになったのである。後に SA の1人は，「チームメンバーのコミットする姿を目の当たりにし，4月からのクラス運営を頑張らなければ！と思うようになった」と言っている。

そんな事務局と CA & SA の広報活動の一方で，教員側は，オンライン上でいかにプログラムを進めていくか協議を重ねていた。

(2)　4月：授業プログラムのオンライン化

春学期の授業開始が5月からとなった。CA & SA の広報活動が功を奏し，受講希望者が受講可能人数の3倍を超える1,000名近くにまでなった。このことは，教員陣・事務局・CA & SA などすべての関係者にとって嬉しいことだった。志望理由書をもとに選考することを除いてではあるが。4月は全員が5月の授業開始に向けて力を注いでいた。

今期は教員は12名。クラスは15クラス。つまり，3名は曜日を分けて2クラスを担当する。CA は1人。SA は15人。事務局でメインに係わるのは2名。合計30名の運営チームを束ねるのがコースリーダーの私の役目だ。

オンライン環境という新しい挑戦に加え，今期が初めて GLP に関わるという教員も4名いる。そのため，Zoom を使っての説明会を行った。全員の不安の解消と，チームビルディングのためである。

また，そこでいかに多くのメンバーに発言を促し，意見を述べてもらい，この GL101 にオーナーシップを持ってもらうか。これが成功の鍵の一つだと考えていた。

教員だけでなく，事務局にも，CA & SA にもどんどん発言してもらう。そして，一つのチームになってもらう。

授業がスタートしてしまうとそれぞれが自分のクラス運営に主眼が移ってしまう。今，このタイミングで一つのチームを作っておくことがとても大切だ。このことは，オンラインだろうが対面授業だろうが変わらない。これまで10年やってきた経験からも，この大切さは身にしみている。

幸いなことに，今回も全員が笑顔で7月の最終日が迎えられるイメージをつくってこのオンラインキックオフを終了することができた。

(3)　5月：授業スタート

14週間にわたる初めてのオンライン授業は何はともあれスタートした。2020年は，毎週授業後に行う教員・事務局・CA & SA の運営チームミーティングがとても大きな学びの場となった。15クラスで発生する，全員にとってほとんど初めての同期型オンライン授業にまつわる様々な問題を共有し，全員でありとあらゆる知見を出し合い，その場で対策を練り次週に備えた。また，こんなことを試してみたら上手くいった！という成功談を褒め称えつつ，次週に活かそうと教員と SA が詳細に吸収し，その場その場で改善・成長しながら7月の最終授業日までやり遂げることができた。

この一連のプロセスを振り返ってみて思うのは，まさに全員発揮のリーダーシップだったなあということである。目標を設定し全員が共有しているなかで，お互いが主体的に率先垂範しつつ，相互に支援しあって，最終ゴールまでたどり着いたと考えている。

そして思ったのは，立教大学 GLP は，よくできたヒーローズ・ジャーニーのようなものだなあということである。詳しくはジョゼフ・キャンベルの書籍などにあたっていただければと思うが，人々を魅了するストーリーにはアーキタイプ（元型）がある，というものだ。

立教大学 GLP も，初期設定・プロセス・プロットをしっかり握っておくことが重要。するとメンバーは自走を始める。

要所要所で微調整，または抜本的改革を行い，また自走に任せる。これを繰り返していくことで，メンバーはそれぞれのヒーローズ・ジャーニーを体験しつつ大きく育っていく。それはメンバーだけでなく，立教大学 GLP というプログラム自体もだ。最初4クラスだったものが15クラスまで育ってきた。そして，最高の結果を生み出してきたと考えている。

さて，そろそろ立教大学 GLP も，クラス数増設のために，いわば増改築を繰り返してきたので，また大きな改革が必要な時期に来ているのではないか，というのが私の考えである。この状況で何をドロッピングオフし，いかにブレイクスルーしていくのだろうか。2021年3月で立教大学の任期を終えた私としては，今後の立教大学がどのようなストーリーを生み出していくのか，注目したいところである。

（稲垣憲治）

注

(1)　立教経営学部 BLP の最初の10年については日向野・松岡（2016），それ以降については舘野（2018），堀尾・舘野（2020）を参照されたい。

第9章 先進事例：淑徳大学／名古屋大学／名古屋工業大学／名城大学／甲南女子大学

淑徳大学

1 取り組み概要

淑徳大学経営学部は，埼玉県三芳町の，周囲に畑も広がる静かなキャンパスにある。同学部には，経営学科と観光経営学科の2学科があり，企業経営や観光ビジネスに必要な専門知識と技能を座学やフィールドにおける演習・実習を通じて習得し，企業の問題を解決する能力や権限役職によらないリーダーシップを発揮できる能力を身につけることを同学部の教育研究上の目的に掲げている。同学部のリーダーシップ開発科目は，既述の教育研究上の目的達成に向け，主体的に学び，考え，行動できる学生の育成支援を担う実践学習支援センターを中心として開講／運営されている。具体的には，1年次前期開講の「チームワークとリーダーシップ」と1年次後期開講の「コミュニケーション論」を開講している。「チームワークとリーダーシップ」は，クラス対抗のスポーツイベントとチーム／クラス対抗の学内ビジネスプランコンテストをそれぞれ約1カ月の期間に分け実施する。「コミュニケーション論」は，外部企業と連携した約2カ月半の学内ビジネスプランコンテストを軸に運営する。両科目ともその期間における様々な経験を振り返ることでリーダーシップを学ぶ。なお，経営学部2年次生対象科目の「キャリアデザインⅣ-A」は総合キャリア支援室が開講している。外部企業と連携したPBL型の科目設計を行い，その経験を振り返ることでリーダーシップを学ぶという構造は「コミュニケーション論」と大きく変わらないが，3年次以降のインターンシップや就職活動に向けて，将来のキャリアビジョンの探求を行うなど，キャリア教育にも比重を置いた授業内容を展開している。2020年度現在，リーダーシップ開発科目として開講しているのは既述の3科目となるが，全ての科目にLA（Learning Assistant）制度が採用されている。

淑徳大学経営学部にリーダーシップ開発科目が2016年度に導入されてから現在に至るなかで，その存在意義，科目の設置目標は変化している。科目導入から1～2年目においては，リーダーシップ開発科目に対する前評判がないため，まずは，学生たちに他者との対話や協働を前提とした双方向型学修の楽しさ，その学びに共感してもらうことをめざした。他者と共に学ぶことを楽しむ価値観が学内で醸成され始めた3～5年目には，多様なロールモデル像と豊かな人間関係像を構築することを設置目標に掲げた。

科目導入初年度において，初等／中等教育の過程で他者と適宜コミュニケーションを取りながら能動的に学ぶスタイルの授業の経験が少ない学生が一定数見受けられた。その後の学内調査によって，他者との対話に恐怖心を持つ学生や，自己成長への自己効力感が高くない学生の存在が一定数いることが明らかになった。そこで，科目導入2年目には，少しでも他者との会話への恐怖心を拭える体験や，もう一度自分の成長可能性を強く信じられるようになる体験が，段階的に積めるよう科目を設計し，他者と能動的に学ぶ時間の豊かさに納得してもらうことをめざすことにした。具体的には，約2カ月間4～5人の少人数チームで優勝をめざすビジネスプランコンテストを軸としていたPBL型の科目設計を大幅に刷新した。約1カ月間クラス対抗で行うスポーツイベントのプロジェクトを先に行い，クラス内のアイスブレイクを図ることで，安心安全に人間関係を構築する期間を設けた。そして，スポーツイベントのプロジェクト期間中は，運動が得意な学生たちがドッジボールなどの競技で活躍したことや，運動が苦手な学生が各種競技の出場選手の決定やクラス対抗戦に勝つための作戦会議のなかで，授業での学びを活かし，貢献したことを，毎回の授業後，教員やLA，そして受講生同士でポジティブフィードバックの交換によって確認したことで，多くの受講生がリーダーシップを発揮する成功体験を得られるような環境を設定した。この期間を経た上で，その後の約1カ月半のチーム／クラス対抗の学内ビジネスプランコンテストを行うと，何度か話したり，相互に協力しあった体験を持つ学生同士がチームを組むことになるので，学生同士での議論や学生が教員との対話に対してハードルが下がり，概念の解説や課題を出しても途中で放棄せずに粘り強く対応しようとする学生の割合が増えていった。

次に科目導入３～５年目においては，全受講生がリーダーシップを発揮した成功体験を得やすい科目の設計が機能したため，学生アシスタント（LA）たちに着目し，LA が多様なロールモデル像となるよう工夫をした。具体的には，LA として外交的と思われる学生と内向的と思われる学生がそれぞれロールモデルとなるように，これまで以上に LA 募集の方法を広げ，候補者を増やしてから選抜し，各クラスへ配置した。なぜなら，リーダーシップ開発科目開講１～２年目は，LA の担当に応募する学生が，学内で募集しているオープンキャンパススタッフや，職員と日々協力して活動する文化祭実行委員であることが多く，学生生活の送り方や価値観が似通い，比較的外交的なタイプの学生が多かった。そのため，LA 担当学生を自分にとってのロールモデルとして認知できる受講生の数が十分でなかった。そこで，LA の採用方式を変更し，より広く LA 候補者を募り，内向的な学生なども採用できるようにした。例えば，学内アンケートにおいて，学生生活において大事にする活動の場として，サークル活動やアルバイト活動に重きを置き，最先端の流行ファッションやお出かけスポットに詳しいような学生や，サークルには所属していないが，最新のゲームソフトや漫画アニメに詳しく，共通の趣味を持つ友人との学外活動に比重を置くような学生も，他者のリーダーシップ開発への興味関心が高いことや期限を守ることができるなどの適性があれば，LA として積極的に採用することにした。また，１クラスあたり１名だった LA を２名ずつに増員し，その組み合わせを可能な範囲で正反対の価値観や学生生活のスタイルを取っている構図になるようにした。ロールモデルとして幅広い LA を受講生に示すだけでなく，LA が正反対のタイプの学生同士であっても，良好な人間関係を築き，協働して授業運営で成果を出している様子を，受講生に理想的な人間関係像として提示したかったからである。

2 オンライン開講と授業の再構成

こうした工夫の積み重ねによって，淑徳大学経営学部のリーダーシップ開発科目は毎年改善を行ってきたが，2020年，コロナにより科目存続の危機に陥った。物理的に近い距離感のなかで対話を通して運営されるリーダーシップ開発科目は，3密に該当する科目形態であることや，淑徳大学の特徴として，学生たちは一定の物理的な拘束ゆえ授業に集中することができるのだという考えから，開講自体が危ぶまれた。しかし，2020年度から新たにリーダーシップ開発科目の主幹教員に着任した佐原太一郎准教授を始めとした科目担当教員と学事部による度重なる検討と調整によりZoomによる同期・双方向型オンラインでの開講を行うことができた。開講後は，担当LAたちと既に用意していた授業プランの練り直しにあたった。例年は，前述の通り1年次前期科目の「チームワークとリーダーシップ」においては，スポーツイベントを軸とした授業設計を行うが，全てをオンライン対応化して実施する必要があったことから，変更を余儀なくされた。そこで，水平思考や論理思考など，リーダーシップを発揮するうえで必要となるスキル向上と，受講生全体のアイスブレイクを図ることを目的としたミニゲームを用いて授業を構成した。

3 課題とまとめ

今後の展望としては，リーダーシップ開発科目に限らず学生生活全般において，学生たち自らが成長のための挑戦を行い，学生たち同士が相互支援の文化醸成することをめざしたい。最後に，これまでの取組の成果として，コロナ禍の影響下の学生たちのリーダーシップを紹介したい。新入生同士の交流機会が不足していたことから，「新入生オンライン交流会」として，リーダーシップ開発科目受講生が自ら企画を大学へ提案し，開催した。淑徳大学において，これまで学生たちが学生たち自身の手によって，大学や学生のために何かを提案して実現するということは決して多くはなかったが，リーダーシップを発揮して提案に変える行動が近年数多く見られるようになっていることは大きな取り組み成果である。

（松岡洋佑）

教員コラム▶学部のカルチャーと成長

淑徳大学経営学部では2016年度から，リーダーシップ開発科目を正課（通称LA 科目）として導入して，LA 制度をスタートさせた。導入当初は全てが手探り状態で，準備・調整プロセスに多くの時間を費やした。いわゆる“難産”の末に誕生したLA 科目だが，今では新入生のほぼ全員が受講を希望する，本学部の学びを象徴する看板科目に成長した。

導入５年目の2020年度は，COVID-19 感染症拡大による影響を受けながらも，オンラインで授業展開することを前年度末にいち早く決め，リーダーシップの学びのタスキは先輩 LA から後輩 LA へと途切れることなく受け継がれた。

現在では，学生が自発的にオンライン交流会を企画・運営し，また，LA を経験した学生が他大学のリーダーシップ科目に授業進行役として参画するなど，リーダーシップ理論と実践に裏づけされた自己成長へのチャレンジが，まさに学部のカルチャーとなりつつある。

（経営学部長・教授　千葉千枝子）

（経営学部　准教授　佐原太一郎）

履修者コラム▶価値観が180度変わった

リーダーシップ科目を受講して一番驚いたことは，リーダーシップの取り方です。それまでは漫画の主役のような，みんなをまとめて引っ張れることがリーダーシップであり，そういった行動が取れないとリーダーにはなれないのだと思っていました。しかしこの授業を受けたことで，裏方の行動でも誰かを応援をするという行為でさえも，チームのために行動することすべてがリーダーシップであるということを学ぶことができ，価値観が180度変わりました。LA として学んだことを教えるなかでも，最初は周りとなじめなかった人でも，得意なことは何か一緒に探し，だんだんと自分なりのリーダーシップを発揮しだしたときは大きな喜びを感じました。社会人になった今でも自分のできることは何か，会社のために新人でもできることはないかということを探す原動力となっています。この人に頼んでみようと思ってもらえるリーダーシップを発揮できるように頑張りたいです。

2019年度卒業　穴井匠

（2016年度科目受講，2017年度，2019年度 LA 担当）

名古屋大学

1 取り組み概要

名古屋大学では，2016年度から経済学部にてリーダーシップ開発教育科目（以下，Leadership Development Program；LDP）を開講している。開講の発端は，当時同大学の経済学研究科に所属していた共著者（江夏）が，従来から個人的接点を持っていた編著者（日向野教授）の東海地域でリーダーシップ開発教育科目を展開したいという意向に賛同したことにあった。実際の講義運営，すなわちLDPの実施にあたり，名古屋大学は，リーダーシップ教育の全国展開や産学連携についてのコーディネートや実務家教員育成などの事業を営む共著者（松岡）を招聘した。経済学部内の「特殊講義」という枠でLDPは実施され，松岡が実際の講義の設計・運営を行なってきた。こうした松岡の動きを，名古屋大学側の教員，すなわち2019年度前期までは江夏が，それ以降は土井康裕教授が支援している。

講義の形式としては，スキル強化型学修とプロジェクト型学修（Project Based Learning；PBL）を組み合わせ，第一学期にLDB（Leadership Development Basic），第二学期にLDA（Leadership Development Advanced）を開講している。学生が一年間の講義期間を通じてある社会・ビジネス課題に向き合い，その過程で必然的に生じる他者との関わりの中で自らのリーダーシップについての「持論」を構築することになる。ビジネス課題は実在の企業から提供され，企業派遣の「サポーター」によるビジネスパーソンあるいは人生の先輩としての支援を受けながら，4～6名単位の学生チームが活動に従事する。

初年度（2016年度第2学期）は，東海圏では金城学院大学での取り組みのほか日向野教授らが掲げる「権限によらないリーダーシップ」に着眼した教育の展開事例はなかった。当然ながら，名古屋大学内でもリーダーシップ教育科目の前評判もなく，内容も分からない状況にも関わらず，経済学部以外の学部，研究科を含めた約30名の学生による受講があった。

6チームに編成された彼ら学生は，アビームシステムズ株式会社ならびにアビームコンサルティング株式会社より，「サプライチェーン・マネジメントを活用し社会（生活）にある問題を解決せよ」という課題が提示された。半期15回の授業のなかでは，各チームのビルディング，課題提供企業の分析，ビジネスプランの作成，についてのワークショップがまず開催された。中間報告，そして最終的なビジネスプラン発表を経て，最後の2回の講義枠を使って，チーム活動と個人活動の振り返りが行われた。また，その途中には同社を含む教員や学生たちとの懇親会やコミュニティづくりを設けた。これらを経て，自己完結せず，チームメンバーや教員を含めて多くの関係者と対話を繰り返すことで，自分らしいリーダーシップスタイルを発見することがめざされた。

リーダーシップ教育に比した中身，および学修効果の面での特徴は，名古屋大学の学生の特性による強い影響を受けている。名古屋大学は当地を代表する総合大学として圧倒的なブランド力と入学試験の難易度（高偏差値）を確立しており，受講生は受験戦線を勝ち抜いてきた人々である。本講義では毎回の課題が学生に課されるが，その初回はその時点でのリーダーシップ持論を学生に述べさせるものであった。そこでは，多くの学生が旧来のリーダーシップ観を持っていることに加え，卒業後は自分たちが何かしらの「○○長」という権限保有者になるであろうこと，そしてそのことについて悲喜こもごもの反応があること，が示された。権限保有者という役割を自らにとって縁遠いものととらえないことが，名古屋大学の学生の特徴であった。

こうした彼らにとって，他者を支援することもリーダーシップであること，リーダーシップは誰しもが持ちうるものであることは，大きな，そしてポジティブな驚きを伴う見地だった。学生主体の PBL のチーム活動においては，フリーライダー化する学生の存在や，学生間での能力差が顕在化する。このことは，学生個人やチームとしてのモチベーションを上げもするし下げもする。しかし，そうした事象に直面するなかで，自分が周囲に貢献することにつながるリーダーシップスタイル，特に「牽引型」以外のそれに，講義や課題を通じて頻繁に提供される振り返りを通じて気づくことができる。

授業の最終課題として学生が述べた自らのリーダーシップ持論においては，初回と比して，その中身に大きな変化がみられた。「○○長」という責任を伴う立場に将来自分がつくであろうという見通しは変わらないにしても，集団のメンバーに対する支援を積極的に行うリーダーシップスタイルが重要であることを表現するものもあった。2017年度以降も，こうした学生の学びは広く観察された。

2018年度からは，こうした授業を現在の形式である第一学期と第二学期の連続で開講することとなった。すなわち，第一学期にリーダーシップについての基礎的な考えや実習に触れスキルを強化し，秋学期にさらに高次のリーダーシップを開発することがめざされた。2019年度には開講初年度約30名だった受講者が，第一学期の LDB に約120名の履修希望があり，後述するコロナ禍でオンライン対応を迫られた2021年度も約120名の履修希望者が集まった。

2　コロナ禍におけるオンライン対応

名古屋大学においても全国の大学における対応と同様，2020年度第一学期開始の時点で，校内への立ち入りと対面での授業実施が禁止された。そこで，2020年度の LDB についても，学生の自宅通信環境の整備度合いや教員やサポーターの支援体制について検討した結果，比較的早い段階で Zoom（同期・双方向型会議ツール）による同期・双方向型オンラインでの実施に踏み切った。

初回授業では，事前に学内システムを用いて，同期・双方向型授業についての説明や授業提供方式の変更に伴う留意点などを通達し，その上で約100名の受講生に対応をした。実際の授業運営に際しては，例年通り過去の同科目修了生を学生アシスタントとして４名配置し，毎回の授業で役割を決めた上で，Zoom の操作やグルーピング機能（ブレイクアウトセッション）の設定，グループワーク中の介入や観察を担当してもらった。開講当初の受講生は，他大学同様，Zoom をはじめとする同期・双方向型オンライン授業形式に慣れていない様子だったが，使用する機能をチャット機能とグルーピング機能に限定したため，混乱もなく進行することができた。

課題提供企業のサポーター社員の参加についても，例年に比べて，大学に足を運ぶという物理的な移動がなくなったことで，結果として多くの社員と学生の接触が可能となった。このことは，学生が社会人の考えるリーダーシップに触れること，ひいては高い学修効果につながった。授業形式の変更に対しては，学生たちからもより学びが深められるための意見が不平不満の形ではなく，提案の形で示され，その結果として一回あたりのグループワーク時間の調整や発言時のルール，オンライン上での教材の取り扱い方や事前配布資料の用意など，種々の授業改善を期中に行うことができた。またそのことについての学生たちの満足度が高まるとともに，リーダーシップを授業中に体現することを彼ら自身が感じる傾向がこれまで以上に顕著となった。

2021年度以降の授業形式についても，学生たちの学修効果や授業運営上の生産性を鑑みて，LDB ならびに LDA における一部または全部の授業回を，同期・双方向型オンラインの形式とした。

3 成　果

名古屋大学での5年間の取り組みを通じて得られた成果としては，以下のものが挙げられる。①学生のリーダーシップ行動の変容，②学生とサポーター，大学を超えたつながり，③名古屋圏でのリーダーシップ教育の広がり，である。

先述の通り，名古屋大学の学生の受講前のリーダーシップ観においては，「権限の行使」というものに他校と比しても大きく偏る傾向がある。そして，講義当初は，そうした考え方に即したチーム活動中での行動が，ルール第一，ルールに即した高圧的な活動，ルールを伴わない行動の抑制，といった形で現れがちである。しかし，講義への参加を経てそうした意識は変容する傾向にあり，そのことは大きな成果と言える。具体的には，他者に対する相互支援的な行動頻度が高まり，それに対する自覚や意識も芽生える。

こうした受講経験者の一部は，翌年度の講義の「学生アシスタント（TA）」として，率先して名乗りを上げてくれる。彼らが権限なきリーダーシップの生きた教材となり，教育効果の向上に多大に貢献している。また，TA 以外にも，過年度受講者が参観に訪れ，自らが改めて刺激を受けるとともに後輩に対してフィードバックを行ったり，主体的に懇親会を企画したりといった，自生的な学修の連鎖やコミュニティ形成の流れも観察される。そして，2018年から開催された複数の大学におけるリーダーシップ開発科目修了生が一同に介して学ぶ合宿形式のワークショップである「リーダーシップ・キャラバン」においては，居住地域や入学試験難易度などの背景が異なる学生同士のコミュニケーションを，リーダーシップ教育における共通言語をもとに，名古屋大学の学生が率先して模範を示し，多様性を活かす場が醸成されていた。

名古屋圏におけるリーダーシップ教育の広がりには，名古屋大学での履修経験者の TA としての活躍が大きく寄与している。2018年度以降，名古屋工業大学の正課科目，名城大学の非正課科目として，リーダーシップ教育が展開されている。名古屋工業大学においては，開講初年度から現在に至るまで，同大学の科目担当 TA として名古屋大学 LDA 修了生が同大学当該科目修了生とともに務めている。さらに，2020年度からは非東海圏の一橋大学におけるリーダーシップ開発科目においても，Zoom を活用した同期・双方向型科目の担当 TA として，名古屋大学の学生２名が活躍している。

なお，リーダーシップ教育の広がりは，名古屋圏のみならず名古屋大学内においてもみられる。東海国立大学機構を構成する名古屋大学と岐阜大学という二つの大学の共通のキャリア教育支援の取り組みとして，2020年度第二学期からは，企業と連携したオンライン（同期・双方向型）による全学的なリーダーシップ教育（やろまいワークショップ）の展開が推進されている。

4　課　題

この５年間の取り組みから見えてきた，今後の対応が必要と思われることについていくつか述べて，論考の結びとしたい。

ひとつは，他科目との連携，特に教養科目や知識伝達型の専門科目との連動である。実社会のなかで，それが企業人であっても研究者の道であっても，成果を出すためには業務知識や専門知識が不可欠である。ただし，こうした知識も，LDP で開発しているような態度スキル，すなわち人と共同して目標をめざすリーダーシップと結びついていなければ機能しない。また，業務知識や専門知識を欠いた状態で態度スキルだけを身につけたとしても，そうした学生や社会人は周囲に対して本質的な貢献ができないかもしれない。「車の両輪」の関係にあるリーダーシップと専門知識について学生が往還的に学べるような機会を確保したうえで，学生にこうした連動の重要性を伝える必要がある。

LDP 受講者のその後の教育効果をいかに測定し，プログラム改善にフィードバックするかも課題である。LDP の開発するリーダーシップは，態度スキルであり，ライフスキルである。換言すれば，LDP では，リーダーシップを学修目標とした経験学修を積み重ねることで，生涯学修者を養成することを目的としている。その意味で，授業時間外や受講後の学生の成長を調査し，その効果や課題を把握したうえで，LDP の授業改善に役立てる必要がある。早稲田大学におけるリーダーシップ教育効果測定研究とも連携し，この先の対応を検討したい。

最後に，受講生の数が年や学期による大小がある，受講生の多様性は講師陣が想定するほど確保されていない，といった課題もある。受講生の適切な量と質を確保するための，募集（アトラクション）と選別（セレクション）の両機能を織り込めた情報発信が十分になされていないのである。しかし，教員の期待を上回るような知的能力や感情的能力を示す学生の存在が講義という場のなかで見出されていること，そしてそうした才能を発見する仕組みが学部教育のなかで一定程度定着したことは，明らかな成果であるといえよう。

5　まとめ

日本社会の現状や将来への問題意識から立ち上がった大学でのリーダーシップ教育も，活動の開始から15年間を経た。名古屋大学でのリーダーシップ教育も，5年目を終えた。リーダーシップ教育の発展という観点からすれば，東海地域で随一の，そして日本を代表する研究・教育機関として，リーダーシップ教育を率先垂範し，他校ともその目標を共有し，相互に支援できるような体制が名古屋大学の中に構築されることの意義は極めて大きい。今後，どのような教育体制が望まれ，実現可能なのかについては，科目担当者自身が率先して考えていきたい。

（松岡洋佑／江夏幾多郎）

名古屋工業大学

1　取り組み概要

名古屋工業大学では，2018年度から学部3年次の選択必修科目の一つとしてリーダーシップ開発科目（以下，Leadership Development Program；LDP）を開講している。国立の工業大学でのリーダーシップ教育展開の例は全国で初である。開講に至る背景は，東海地区で先行してLDPが展開されていた名古屋大学での成功がきっかけである。名古屋大学で2016年度から実施されていたLDPの連携クライアントを務める企業の社長から，本取り組みの身元引受人である同大学の工学研究科に所属している武藤敦子先生に対して，学会活動での交流のなかで今後企業が求める人材について議論をしたところ，名古屋大学で実施しているLDPを紹介されたことが発端である。その後，連携企業を通じて，名古屋大学LDPにて実際の講義の設計・運営を担当する松岡へ，武藤敦子先生の紹介を受け，両者で名古屋工業大学におけるLDP展開の可能性を議論し，開講に至った。開講にあたっては，名古屋大学でも連携を行っている企業をお迎えし，寄附講座の枠組みを整えた。また，科目新設ではなく，3年次対象の選択必修科目のうち，「管理工学」という授業を活用し，権限役職によらないリーダーシップ教育の導入を行った。受講生は毎年60名前後を推移しており，移動型机椅子を完備したアクティブ・ラーニング対応のラーニングコモンズでの対面授業実施と分化して会場にできる近隣教室を手配して実施している。その後，2020年度からは科目名を「リーダーシップ」へ変更し，コロナ禍の影響を受け，開講方式も同期・双方向型オンラインを採用している。さらに，本科目では開講のきっかけとなった名古屋大学LDPから修了生を学生アシスタントとして迎え，2年目以降は本学での本科目修了生とともに授業支援を行っている。

講義形式は，スキル強化型学修とプロジェクト型学修（Project Based Learning；PBL）を組み合わせ，前期に開講している。開講初年度から2019年度までは約15回の開講を，コロナ禍の影響を受けた2020年度からはクオータ制に準じた7回の同期・双方向型オンライン授業を実施している。学生たちは半期の講義期間のなかで，リーダーシップを開発するための様々なミニワークや授業後半に連携企業から提示される課題に向き合い，その過程で自らのリーダーシップ観を醸成する。学生たちは少数グループを編成し，安心安全の場をつくりながら，他者との議論における自分の成功体験を積む機会を獲得する。自分にとっての安心安全がどういう要素で構成されるのかを知るために，エニアグラムという手法を用いながら学生同士で相互のフィードバックを繰り返すことを重視した授業設計になっている。また内向的で人前でなにかを発表する機会が乏しい学生が一定数以上いる本学の状況を踏まえ，毎授業で自分の得意なことや好きなことを披露するミニプレゼン・セッションを設けた。この時間通じて，全受講生が皆の前でプレゼンテーションを行う経験と自己開示による皆からのポジティブなフィードバックをもらう成功体験を獲得できることを狙った。発表後は必ず全受講生と講師，連携企業の社員ら聴衆から付箋にグッドポイントを書いて直接手渡すという時間を設けたことで，人前で自分を知ってもらうことによるよい反応を受け取る成功体験と，リーダーシップを学ぶための安心安全の場を形成することに注力した。

(2) 名古屋工業大学の学生

本学でのリーダーシップ教育の成果を示すうえで，まずは名古屋工業大学の学生の特性に触れたい。学科によってその進路は多様化してきているが，それでも2020年現在，学部全体の平均では8割近くが大学院に進学し，その後研究室からの推薦などを経て，多くの学生が東海地区の製造業へ就職する。また学生の多くは東海各地区から進学してくることが多く，比較的地域への就職志向が強い学生が多い。学生の内面に目を向けると，比較的内向的な学生が多く，自分の好きなこと，やりたいと思えることに比して，その他の事柄への取り組む熱量に大きな差がある傾向にある。同時に，こうした学生たちは，自分たちの特徴を理解していることが多く，本科目の履修目的では，人前で堂々と話ができるようになることやリーダーシップを発揮していろいろな人とコラボレーションする活動がしたいという動機を挙げる学生が多いことも特徴である。一方で，外交的な学生や，部活動で他大学との交流が盛んな学生らもいるが，そうした学生は学部全体では少数で，同時双方向型の授業への期待が低いように感じるが，それでも本科目を一定数が履修している。履修者構成では，外交的な学生だけでなく，女性も圧倒的に少数である。大学全体の学生女性割合は年々増加傾向であるが，まだ2割弱であることから，本科目でも約60名の履修者に対して毎年5名程度しかいない。

こうした環境のなかで実施するリーダーシップ教育の要点は，他大学で実施するそれといくつかの点で異なる。特に，内向的な学生が圧倒的に多い場においては，学生たちに外交的な振る舞いを強いるのではなく，あくまでも自分たちが熱量を高く向けられるものに他者から共感を得ることの喜びと，他者と協同することで自分の好きなことややりたいことが実現できることの利益を理解してもらうことが重要である。そのために，ミニプレゼン・セッションのように，自己開示の場を積極的に設けることや，各ワークのなかで，リーダーシップという学修目標が，誰かとともにめざす共通の目標のために互いによい影響を与え合うためのスキルであるということを理解してもらうことが効果的である。こうした点を念頭に置いた授業設計の結果として，自己理解ツールとしてのエニアグラムやポジティブなフィードバックを送り合う訓練に多くの時間をかけている点が他大学での事例との相違点である。

3 成　果

2021年度に4年目を迎える名古屋工業大学におけるリーダーシップ教育の成果は以下にまとめられる。①内向的な学生によるリーダーシップの発揮，②学内外からのリーダーシップ教育活動への認知，③同期・双方向型オンラインによるリーダーシップ教育の成功，である。

先述した名古屋工業大学の学生の特性を踏まえたリーダーシップ教育の3年間の挑戦の中で科目設計・運営上，最も時間をかけたことが内向的な学生に，リーダーシップを発揮するうえで，いかに安心安全の場を提供できるか，またそうした場を受講生自らがつくることができるよう支援できるかである。本科目を修了した学生たちに対する授業事前事後のアンケート結果からは，授業内で楽しみながら，いろいろな意見を聞くと同時に，単に聞くだけでなく自分の意見も関係性を維持しながら伝えることができたというコメントが見られたこと，学科の他の授業や部活，アルバイト先で活かすことができたと期中に実際に授業外でもリーダーシップを発揮している様子が伺えたことから，内向的な学生にとってもリーダーシップを自分なりの形で体得できたことがわかる。

リーダーシップ科目の運営面でも「管理工学」という科目名称から「リーダーシップ」という科目名への変更が認められ，権限によらないリーダーシップ教育が正課の選択必修科目に誕生したこと，本科目へ継続して企業からのご支援を受けられていることは学内外に対してリーダーシップ教育の認知が広がったことを示している。名古屋大学からの LDP 修了学生アシスタントを招聘し，そのネットワークが広がっていることもその広がりの一つである。

最後に，2020年度開講直前に起きたコロナウイルス感染症への対応について述べたい。各大学同様に，本学でも2020年度前期開始の時点で，校内への立ち入りと対面での授業実施が禁止された。ただ，当初は幾度かの学内規則に関する会議を経て，全ての授業についてオンデマンド配信について検討をする必要があった。ただ，本科目の特徴を鑑みて，同期・双方向型オンラインの形式で実施することや，それに伴い授業スケジュールを大幅に変更して開講することの承認を受け，学内でも数少ない同期・双方向型オンラインでの授業を実施した。結果的には，内向的な学生が多い本学の受講生たちにとっては，安心安全の場を形成するにあたって，対面よりもむしろ一つの画面から物理的に人が飛び出すことのない同期・双方向型オンラインでの環境が適応しやすく，過去2年間の授業に比してももっとも受講生からクラス全体に対して自然と質問や意見が飛び交う状況になった。同期・双方向型オンラインになったことで，自分の考えをじっくり言語化してからチャットに表明することや，外交的な学生のアドバンテージが少なくなったことによる自分たちの安心安全の環境が確保しやすくなったため，より一層積極的なグループ活動が見受けられたことは大きな収穫である。こうした成果をもとに，2021年度以降も検討を重ねながら，コロナウイルス感染症収束後も，同期・双方向型オンラインの活用を積極的に推進する方針である。

4 まとめ

多くの大学でリーダーシップ教育の広がりが進むなかで，本学におけるリーダーシップ教育活動の特徴と成果は，今後広く他大学でのリーダーシップ教育導入推進にあたっても参考になることがあると確信している。特に，内向的な学生に対するリーダーシップ教育のあり方や，リーダーシップ教育を行う上での，安心安全の場をつくる方法についてである。同時に，今後の課題として，安心安全の場を提供したなかで最初のリーダーシップ発揮ができるようになった学生が，安心安全でない場でリーダーシップの挑戦を続けていくための支援と，科目内でそうした挑戦のための訓練をどのように設定するのかということも重要である。本学ではリーダーシップ教育を続ける上で，学生の特性を活かした他校にない成果と挑戦を続けていきたい。

（松岡洋佑）

教員コラム▶生き生きとした表情に変わる

本学の学生を眺めてみると，コミュニケーションに対して苦手意識を持ち，さらにリーダーシップと聞いて拒否反応を示す学生も多いです。案の定，初回講義では受講生の表情は堅く不安げです。しかし，講義回数を重ねるごとに，これまで抱いていたリーダーシップのイメージとは異なる本講義で学ぶ権限なきリーダーシップの考え方に対して受講生らが親近感を覚え，生き生きとした表情に変わってくることを実感します。

それぞれ異なる専門分野を学ぶ学生による多様なメンバーでのグループワークでは，リーダーシップを意識しながら各専門分野の知識を生かしてプロジェクトを進めることで，各個人が自己効力感を高め自信につなげているようです。また，コロナ禍への対応のために試行した同期・双方向型オンライン講義では，広い講義室で実施していた時よりも活発な発言が飛び交い，特に内向的な学生には予想以上に合致した学修方法であったのではないでしょうか。

（工学研究科情報工学専攻准教授　武藤 敦子）

名城大学

1 取り組み概要

東海圏で最大規模の文理融合型9学部約1万5,000名の学生を擁する名城大学では，2018年度から社会連携センター PLAT が中心となり，リーダーシップ教育を導入している。社会連携センター PLATは，2017年度に名城大学と地域・社会資源をつなぐことをミッションとして立ち上がり，所属職員によって運営が任されている。職員が主導して企業とともに学ぶリーダーシップ教育の実現を達成しているのが本取り組みの特徴である。リーダーシップ教育を導入するきっかけは同センター立ち上げの担当職員である山本剛毅氏と松岡の出会いである。東海地区では先行して名古屋大学での LDP による地域企業と連携した学生と企業双方の学びの実現に興味関心を持った山本氏からの提案で，同センターでの看板プロジェクト「インパクト・プロジェクト」にリーダーシップ教育を導入する形で実現した。インパクト・プロジェクトは，企業や団体が抱える課題に対し，学生が小グループを編成し，解決を図る地域密着型の課題解決型学修である。リーダーシップ教育を導入した初年度である2018年はフットサルプロリーグ過去最多優勝を誇るチームである名古屋オーシャンズ，2019年は日本フットサル連盟，2020年は東海圏のリーダーシップ教育を支えているアビームシステムズ株式会社をお迎えしたプロジェクトを実施した。

講義は，全6回のスキル強化型学修とプロジェクト型学修（Project Based Learning；PBL）を組み合わせた形式である。全9学部（初年度は3学部）から学生を募集し，30名の定員を設けて実施している。様々な学年と学部からの学生で構成される受講生により，社会に隣接した地域課題に取り組む過程で，フィールドワークをはじめ，実際に自分たちが体感できる情報を取りに行きながら解決策を練る。その過程では，決められた短い期間のなかで，互いのスケジュールを調整しながら，オンラインプロジェクト管理ツール（slack）を活用してチームを組成し，最終提案を行う。また，短期集中型での取り組みであることから，初回講義からプロジェクト課題を掲示し，短期でチームについての目標，プロジェクト成果に対する目標をそれぞれ設定し，誰がどのくらい貢献をしているか相互にフィードバックを繰り返す形式をとる。

本取り組みの特徴は，先述の通り多様な学部と学年によって受講生が構成されること，課題解決型のプロジェクトとして取り組み期間が短いこと，プロジェクト管理のためにツール（slack）を積極的活用している点にある。またこうした特徴とリーダーシップ教育の関係性で重要なことは，いかに掲示課題をはやく自分事化することができるか，チームビルディングを効果的に行うことができるか，目標設定と共有を丁寧に進めることができるか，またそれらをしっかりと振り返ることができるかという点にある。これら重要点に対応して，講義ではリーダーシップ概念の基礎理解に加え，目標設定と共有の方法について時間を多く確保している。よい目標とはなにかをテーマに議論し，自分たちにとって具体的で，明確に，やりたいと思える適切な困難度と重要度を示したチーム・個人それぞれにとっての目標を設定している。

2 成　果

2021年度に4年目を迎える名城大学におけるリーダーシップ教育の成果は以下にまとめられる。①多様な学生によるリーダーシップの発揮，②短期集中型のリーダーシップ・プロジェクトの成功，③東海圏のリーダーシップ教育ネットワーク拡充，である。

名城大学では，他の東海圏におけるリーダーシップ教育先行例と異なり，9学部から文理融合型大学として多岐にわたる専門を学ぶ学生が集まる。このなかで短期集中型プロジェクトとしてチームビルディングを行い，連携企業に対して高いレベルで課題解決を示すためには，役職権限によらないリーダーシップの発揮が必要不可欠である。初年度実施の事後アンケートで行った定性データの分析結果では，「グループ目標が少しでも達成に近づいていくように，自分ができることをしている」という項目が他のリーダーシップ発揮を問う設問のなかで高い結果を示した。受講生に目標を意識し，やみくもな行動ではなく，意図を持ったよいリーダーシップを発揮してもらうことが達成できていることを観察できたことは大きな成果である。プロジェクト管理ツール（slack）を目標共有ならびにプロジェクトの進捗に関して振り返りで有効に活用できている点も大きい。本取り組みでは，学生たちが学部横断でのプロジェクト経験を志望して申し込んでいることが多いため，こうしたツールの活用もグループメンバー内で大きなばらつきやフリーライダーを生んでいない要因と思われる。一方で，今後の課題としては，こうしたグループ編成についてより学修を促す組み合わせがないか，プロジェクトへの参加意欲にばらつきがある場合の学修支援設計方法を検討したい。特にこれまでは本取り組みにおいてのグループ編成は，初回授業での講師・運営陣による観察と学年学部によってのみそれを行っており，結果的にグループはよい関係性のままにプロジェクトを終えることができているが，リーダーシップを学ぶための設計として，より関係性構築をしながらも，ときに反対意見をきちんと伝える必要がある場面をつくり出すかという点で課題がある。

本学のほか，東海圏で異なる特徴のリーダーシップ教育を実施している名古屋大学，名古屋工業大学，金城学院大学との具体的な連携に向けても，リーダーシップ教育に携わる教職員の一部で交流がスタートしており，早稲田大学と株式会社イノベストが共同実施している全国の大学リーダーシップ教育ネットワークが一堂に会する「リーダーシップ・キャラバン」では，東海圏の各大学生や教職員の交流が盛んになっている点も大きな成果である。

最後に，2020年に起きたコロナウイルス感染症への対応では，他大学同様に同期・双方向型オンライン形式で実施をした。短期集中型でプロジェクト管理ツール（slack）を有効活用できていた本取り組みでは，オンラインツールの活用に抵抗はなく，むしろ学部生が複数のキャンパスから集合する障害を取り除く結果となり，連携企業のワークロードを鑑みてもよい手段の一つとしてコロナウイルス感染症収束後も，同期・双方向型オンラインの活用を積極的に推進する方針である。

3　まとめ

本学でのリーダーシップ教育は職員主導の形で，3年間が経過したが，学部横断の短期集中型プロジェクトとして学修成果を示すことができている。この成果を広く学内へ展開し，各学部教育へも還元することが次なる運営メンバーの目標である。同時に，東海圏でのリーダーシップ教育の広がりや，全国での様々な形式で実施されているプログラムとの交流を通じて，本学の取り組みの特徴を活かしたリーダーシップ教育を推進していくことをめざしたい。

（松岡洋佑／江夏幾多郎）

職員コラム▶不満を提案に変えよう

「自分らしいリーダーシップを開発」，「リーダーシップは後天的かつ開発可能」というメッセージが響き，毎年多様な学生が本プログラムに集まります。

リーダーシップ最小三行動を学び，「他者のために自分ができること」や「１人でなく仲間と一緒に」などを意識することで，どんなタイプの学生も自分から行動を起こそうとします。学生だけでなく，連携企業・教職員も自分のリーダーシップを意識してプログラムに関わるため，他のプログラムとは空気が異なります。特に「不満を提案に変えよう」という投げかけにより，提供する側・受講する側という枠を越えて，関係者同士が提案し合うことができているのが特徴です。

職員として感じる本プログラムの導入効果は，参加学生のその後の活躍，学年・学部を超えた新たなつながりなどがありますが，教職員が学生とリーダーシップについて共通理解を持ち，お互いに提案し合える関係性になれることも大きいと感じています。

（社会連携センター　主査　山本 剛毅）

受講者コラム▶その人に合ったリーダーシップスタイル

本プログラムを受けるまでは，「発言しない人」，「自分の話ばかりする人」は，いかなる場合にも，チームで成果を出すために貢献をできない存在だと思っていました。しかし，それは間違いでした。それぞれに合ったリーダーシップを全員が発揮できるように環境を整備することが，チームでより成果を出すカギだと学びました。

私のチーム内に，あまり発言できない仲間がいました。彼は，重大な問題に気づいても，皆の会話を中断させるのは申し訳ないと言います。私は，私なりに発言しやすい環境づくりに努めましたが，それでも彼は発言することができませんでした。そこで，オンラインでの打ち合わせ中は，「チャット」に意見を残すことを提案しました。すると「プロジェクト全体を俯瞰して問題点を発見し，言語化してチャットに記録する」という彼の強みを活かしたリーダーシップを発揮してくれたことで，プロジェクトが上手く進みました。

本取り組みを通して，人それぞれに合ったリーダーシップ・スタイルがあると学びました。同時に，権限なきリーダシップを全員が発揮することが，成果を収める上で重要だと気づきました。

（農学部生物資源学科３年生　宮本 和徳）

甲南女子大学

1 取り組み概要

甲南女子大学は，神戸市東端の東灘区に位置し，2021年現在4,000名を超える学生数を有する，関西では４番目の規模の総合女子大学である。５学部11学科の学生数の４分の３以上は人文・社会科学系学科に所属している。建学の精神は「まことの人間をつくる」であり，全人教育，個性尊重，自学創造の三つの教育方針と校訓「清く，正しく，優しく，強く」を教育の根本に据えている。

本学の教育理念を実現するには，知識やスキルと同等に，態度や志向性を育成する必要があり，多様な他者との協働や対話を通じて，学び合いや振り返りを促進することが求められる。女子大学は多様性の面では共学より不利かもしれないが，女性が性別役割規範から解放されて「自分らしさ」を探求する環境としては優れている面もある。2014年に就職部長に就任した筆者は，学科を超えた多様な学生による協働学習の場を作ることを目標に，全学共通科目におけるプロジェクト型学習（PBL）の検討を開始した。

2016年には就職部の講座として，120名の３年生に対して６名の講師によるPBL を実施したが，関係性の維持が困難となるグループが続出した。プロジェクトの内容と同等に関係性の構築に重点を置くこと，チームの状態を観察し適切に介入できる体制を構築することが，重要な課題として浮き彫りになった。

全国の取り組み事例を調査した結果，当時の立教大学のリーダーシップ教育のモデルが，本学の教育理念との親和性が高く，教育効果が見込めると考えた。評価のポイントは，経験学習重視型であることと LA（学習アシスタント）制度の存在である。

2017年度には，全学共通選択科目としてリーダーシップ開発科目を開講した。正課科目としては，西日本の大学，全国の女子大学で初の事例となる。**図表9－1**に年度別の開講状況を示す。2021年度には３クラスまで規模を拡大し，受講可能な学科の新入生の約１割が履修する科目に成長している。

図表9－1　年度別開講状況

<table>
<tr><th rowspan="2">年度</th><th rowspan="2">クラス数</th><th rowspan="2">LA 数</th><th colspan="2">受講者数</th><th colspan="2">授業形態</th></tr>
<tr><th>前期</th><th>後期</th><th>前期</th><th>後期</th></tr>
<tr><td>2017</td><td>1</td><td>2</td><td>26</td><td>22</td><td rowspan="3">提案型
プロジェクト</td><td>提案型
プロジェクト</td></tr>
<tr><td>2018</td><td rowspan="3">2</td><td rowspan="3">4</td><td>35</td><td>35</td><td rowspan="2">実践型
プロジェクト</td></tr>
<tr><td>2019</td><td>56</td><td>56</td></tr>
<tr><td>2020</td><td>60</td><td>47</td><td rowspan="2">スキル</td><td rowspan="2">提案型
プロジェクト</td></tr>
<tr><td>2021</td><td>3</td><td>6</td><td>89</td><td>27</td></tr>
</table>

（出所）筆者作成

図表9－1からは授業形態の変遷も読み取れる。初年度は企業などの課題解決を提案する「提案型プロジェクト」を前後期で実施したものの，通年受講の学生が後期に気が緩む様子が見られた。そこで2018年度から，「高校生がリーダーシップを学ぶためのワークショップを実践するプロジェクト」を後期に導入したところ，受講生が LA 的な役割を担うことで受講生と LA 双方の立ち位置が変化し，後期の緊張感を維持できることが分かった。2020年度も前年度の授業形態を踏襲予定だったが，コロナ禍の影響で，前期を質問力，論理思考，自己他己理解といったリーダーシップを発揮するためのスキルの開発，後期を提案型プロジェクトに変更した。

コロナ禍では，大学の方針に従って授業の実施形態を臨機応変に変更せざるを得なかった。2020年度は，非同期オンラインの時期は LINE グループを活用したグループワーク，同期オンラインの時期は Zoom を活用した合同授業を実施した。LA が授業進行係と Zoom に接続できない学生の対応係に分かれて LINE グループで連携するなど，従来の対面授業以上に LA のリーダーシップが発揮される場となった。

2021年度は対面授業を想定していたが，前期の７週間は急遽オンラインに変更された。前年度の経験があったため，１回の合同授業を経て，前年度には実施できなかったクラス別の同期オンライン授業に移行することができた。

2 成　果

⑴ 受講生が成長実感を得られる仕組みを構築

2021年度前期末の授業アンケートの各設問に肯定的に回答した受講生の割合は，「この授業を通じて自分が成長したと感じる」が93％，「前期の授業の中で最も成長したと感じるのはこの授業である」が87％となり，この科目が比較的成長実感を得やすいことを示唆している。また，「リーダーシップの理解が深まった」が98％，「リーダーシップのイメージが変わった」が97％と，知識面での変容に加え，「相互フィードバックは自分のリーダーシップの理解に役立った」が98％，「LA による支援は自分のリーダーシップの理解に役立った」が98％と，本科目の仕組みが受講生のリーダーシップ開発に役立っている様子も伺える。

⑵ 授業を受講済みの学生への機会の提供

5年間の実践を経て，本学のリーダーシップ教育は，①自分のリーダーシップを発揮する，②他者がリーダーシップを発揮する支援をする，③学外で②を実践する，の3段階に整理されるようになった。授業の受講生としては主に①を実践し，その後の希望者に対して，②として LA や学生アクションラーニングコーチ（ALC）養成講座，③としてリーダーシップ・キャラバン，他大学での LA，研修への学生 ALC 派遣を実施している。

学生 ALC 養成講座は2019年度から開始し，年間6名程度の認定学生 ALC を輩出するとともに，社員研修，産学連携研修，インターンシップなどに学生 ALC を派遣している。

リーダーシップ・キャラバンには LA が参加し，他大学学生のリーダーシップ発揮のスタイルを目の当たりにすることで，その後の LA 活動が活性化する様子が見られた。

2019～2020年度には，学長同士の面談による合意のもと，新設の桃山学院大学経営学部（現ビジネスデザイン学部）ビジネスデザイン学科に本学の LA 経験者を派遣した。本学学生は，共学のビジネス系学科という新たな環境においてリーダーシップ開発の支援を担当し，リーダーシップ発揮のスタイルの幅を広げることができた。一方，先輩学生の存在しない先方では，初年度から経験を積んだ LA を活用でき，結果として関西圏のリーダーシップ教育ネットワークを構築することができた。

3 まとめ

人文・社会科学系学科が学生数の大半を占める女子大学において，全学共通選択科目としてリーダーシップ開発科目を導入し，規模を拡大してきた。授業アンケートの結果から，受講生は授業を通じて成長実感を得ており，リーダーシップ開発が機能していることが確認できた。また，授業を受講済みの学生に他者のリーダーシップ開発や学外での実践の機会を提供する仕組みも構築してきた。

今後の課題として，正課授業外の取り組みを含め，教育プログラム化していく必要性が挙げられる。そのためには，さらなる学内の理解が不可欠である。授業内でリーダーシップと本学の教育理念について受講生自身が考える場を設けたり，本取り組みにおける学生の成長要因を調査し，女子大学ならではのリーダーシップ開発の方法論を構築したりするなど，本学に最適化されたリーダーシップ教育を構築していきたい。

（佐伯　勇）

履修者コラム

▶人の考えを引き出す技法

私は受講生，LA，他大学の LA，学生 ALC 養成講座の全てを経験しました。受講生としては，相互フィードバックにより，自分の意図と影響のギャップを埋めることを学びました。すぐに意見を言う自分の短所を認識し，いったん意見を聞い

写真 9-1　グループワークに介入する LA

（出所）筆者撮影

てから発言するよう心がけました。

LA としても，前期は介入で自分の意見を言うことが多くありました。転換点は，リーダーシップ・キャラバンで，「引き出す技法」を目の当たりにしたことです。学生 ALC 養成講座で学んだ質問力や俯瞰力も活用し，後期は人の考えを引き出せるようになりました。（**写真 9－1**）

これまでの経験が全て活かせたのが，コロナ禍での大学祭実行委員長としての活動です。全員がリーダーシップを発揮できるよう委員会を運営し，大学への交渉時期を俯瞰的に見極め，どうすればできるのかを質問で引き出しました。誰もが未経験の課題解決に対しては，新しいリーダーシップが有効であることを，身をもって体験しました。

（人間科学部文化社会学科 4 年　村上桃子）

おわりに

第1章にも書いたように，最近5年間で「権限によらずに全員で発揮するリーダーシップ」を涵養する正課科目をもつ大学は急速に増え，さらに，このあとがきを書いている2021年末の時点でも新たに22年春からいくつかの大学でもスタートすることが決まったというニュースが入ってきている。International Leadership Association（ILA）の年次総会や理事会でもこうしたことを紹介する機会が何度かあって，報告するたびに驚かれることが多い。それくらいに急速な伸びなのであろう。2006年からちょうど10年間立教大学のみが正課リーダーシップ教育を行っていた時期と比べると感慨深いものがある。本書第Ⅱ部はそうした広がりの各現場からの第一報であるとも言える。リーダーシップ教育を行う大学が増えたので，それらの大学の間でコラボレーションの機会も増えている。その筆頭が，2018年から毎年夏休みに早稲田大学等の主催で行っている「リーダーシップ・キャラバン」である。各大学からリーダーシップ科目を履修中もしくは修了した学生が集い，数人ずつインカレのチームを組んで PBL を経験するのである。他大学の初対面のメンバーでも「権限によらない，全員の発揮するリーダーシップ」という共通言語を理解する同士であればディスカッションや作業はサクサク進む，ということを体験しておく意義は大きい。「リーダーシップ・キャラバン」は今後もリーダーシップ教育の大学間連携のコアとして拡充していきたいと考えている。この他，甲南女子大学でリーダーシップ科目を履修済みの学生が，2019年に桃山学院大学経営学部ビジネスデザイン学科（のち学部に昇格）の設置初年度の授業の TA（LA）として公式に派遣されたり，名古屋大学 LDP 修了生が2020年度のオンラインでの一橋大学 LDP の TA を務めたりといった画期的な人事交流も行われている。

他方で，大学数が急速に増えたことによってアメリカの1990年代半ば以降の急伸期と似た問題も起きている。すなわちリーダーシップ科目の担当教員の不足である。この問題についての解決方法の一つとして，当然に考えられるのは博士課程にリーダーシップ科目を置くことである。それ以外にも大学院の様々な研究科の共通科目や副専攻としてリーダーシップ科目をおくことも有力な方法である。というのは，リーダーシップだけを専攻するのではなくても，各自の主専攻とともに副専攻や共通科目・選択科目としてリーダーシップを学んでおけば，主専攻の研究について同僚や教員との共同作業や研究室運営にプラスになることが期待できるからである。そうした経験があれば研究者になったときに研究活動に役立つことはもちろん，主に担当する授業においてアクティブラーニングを促進することにも役立つし，場合によってはリーダーシップ科目そのものを兼担して大学に貢献する可能性も開けるであろう（既に早稲田大学では理工学術院の大学院に共通の科目の一つとして開講していて，2021年度は14人が履修した）。その意味では，いわゆるプレ FD の一環としてリーダーシップ教育を行うことにも大きな意義があると思われる。このように，2016年から各地に広がり始めたリーダーシップ教育の次の５年については，大学院での拡充も加速することを期待したい。

また，大学がリーダーシップに満ちた場になるためには，学生や教員だけでなく大学の職員に対するリーダーシップ教育も重要である。早稲田大学では人事課からの依頼により2017年度から実施している。これもリーダーシップ教育に実績や関心のある多くの大学で普及してほしい事業である。

さらに，「高等教育の主要な目標は，生涯学習者（lifelong learners）を育てることである[(1)]」のだとしたら，そのゴールを達成した人は大学を卒業してからも自分でモティベーションを維持し学習成果目標も方法も自分で選択して学び続けることができるはずである。リーダーシップはそのような生涯学習の絶好の学習成果目標の一つでもある。また，リーダーシップ教育を受けることなく大学を卒業した成人に対して，いわば大急ぎでリーダーシップを学び直す機会を提供する事業も重要である。早稲田大学では WASEDA NEO においてそうした履修証明プログラムを提供している（「21世紀のリーダーシップ開発」，2018年に日本橋キャンパスで開始し，2020年度からはオンラインに移行した）。

権限によらず全員が発揮すべきリーダーシップであるなら，リーダーシップ教育の潜在的対象も（何歳から始めるかという議論はありうるが）国民全員であると言っていい。自分はどうしてもリーダーシップをとるのは嫌だという人もいるかもしれないが，周囲の人のリーダーシップ発揮の成果を目のあたりにすれば考えを変えてくれる人も少なくないのではないか，と私は楽観的に見ている。立教大学で経営学部第１期生としてビジネス・リーダーシップ・プログラム（BLP）を修了した学生たちはいまや30代半ばになろうとしている。全国でリーダーシップを学ぶ若者たちが彼らに続いて活躍し日本社会をより良いものにすることを願っている。

2022年１月

日向野幹也

注

(1) ニルソン『学生を自己調整学習者に育てる』北大路書房（邦訳 2017），第１章冒頭。

付　録

授業運営の tips：学生アシスタントからの提案

グループ編成ってどうやるの

> 授業が進み，いよいよグループ分けの時間だ。受講生を少しずつ理解してきたタイミングではあるけど，受講生がどんなグループを理想としているかまでは把握できていないし，実際に受講生をグループ分けする方法もわからない。この状況で，何に気をつけたらうまくグループ編成できるのだろう？

成功の鍵：似た者同士ではなく，多様性重視

ともすると，「似た者同士で衝突が起きなさそう」や，「成果が高まりやすそう」なグループ編成をめざしがちです。しかし，壁に当たらないグループにすることは，受講生の学びを減らしてしまう可能性があります。そのため，「多様性があり，お互いの強みを発揮し合って乗り越えられる」ような，グループ編成を行うべきでしょう。反対に，壁をつくることだけを意識して崩壊しやすいグループにならないようにもする必要があります。

TA の悩み 1：何を意識してグループ編成するかわからない

チーム編成をするうえで意識すべきなのは，「受講生の学びを最大化できるか」という点です。その方法として，ここでは，多様性のあるグループ編成についてご紹介します。グループを編成する際，受講生の「性別」「年齢」「学部／学科」などの表面的な要素に加え，性格や人柄などの内面的な要素まで分散するよう意識しましょう。

現段階で，「元気で明るい，ムードメーカータイプの学生」や「静かな雰囲気で，心開くまでに時間がかかりそうな学生」などと，受講生を一定数振り分けることができると思います。このようなイメージで，一つのグループに様々な性格の学生がいるよう振り分けてみましょう。例えば，静かそうな学生がいるグループには，よく話す明るい学生を配置したり，よく冗談を言うお茶目な学生のいるグループには，まじめな学生を配置したりします。衝突がなければ気持ちはよいですが，多様性のなかで自分を発揮する方法を学ぶ機会を増やすためには，あえて対照的なメンバーを同じチームに割り振ることが重要です。

TA の悩み 2：具体的な方法を知りたい

ここでは，2つの方法をご紹介します。

①受講生がめざすリーダーシップ像を事前課題で問う

受講生がどのようなリーダーシップを発揮したいかを把握しておくことで，グループ編成を行うこともできます。例えば，「支援する人になりたい」という受講生が複数いる場合，彼らを同じグループに振り分けてしまっては成長の機会を減らしてしまうかもしれません。「受講生が伸ばしたい能力」と，「そのグループに必要なこと」が一致することは，受講生の成長を促す場を提供することに繋がるため，受講生1人ひとりの理想のバランスを重視したグループ編成を心がけましょう。

②「マトリクス」を作成する

右の表のように，「外向的」・「内向的」な受講生を縦軸，「タスク重視」・「関係性重視」な受講生を横軸とし，振り分けを行うことで，受講生全員の性格を一面で客観視することもできます。マトリクス上の近い位置にいる受講生同士が偏らないように意識しながら，実際にグループ編成をしてみてください。受講生の多様性を客観視する手段として，「エニアグラム」などの性格診断ツールを用いることもお勧めです。

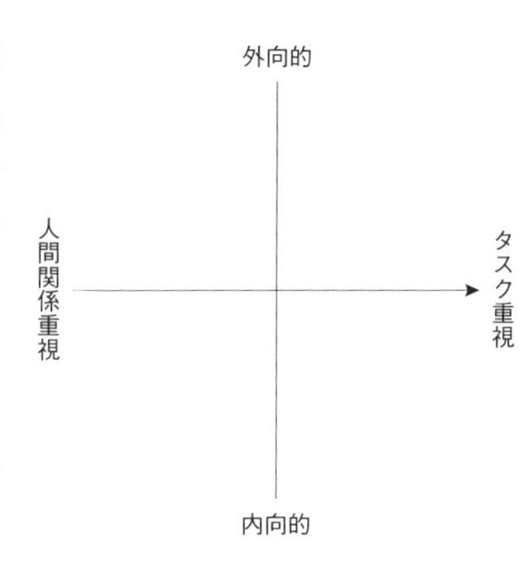

まとめ

> リーダーシップ開発のためには，ある程度の壁にぶつかる体験と，みんなで何かを成し遂げる成功体験の両方があることが理想的です。

グループ目標がうまく設定できていない

リーダーシップ最小三要素（第１章）にもある通り，「目標設定・共有」は，リーダーシップを発揮するうえでも，その後の振り返りのためにも，非常に重要。でも受講生が設定した目標は，「コンテストで１位になる！（成果目標）」「仲のいいグループにする！（状態目標）」。本当にこんな目標でいいのかな？

成功の鍵：「グループ」目標も「個人」目標並みに，個人がめざしたいもの

こんなことはありませんか？　受講生にグループ目標を設定させると，１人目が「どんな目標がいい？」２人目「えー，１位でよくね？」３人目「だよね，それでいいんじゃない？」４人目が「おっけー，俺たちは１位をめざそう」。

上記の４人のうち，何人が本気で「１位」をめざしているのでしょうか。もしかしたら，その場の流れでなんとなく決めてしまっているのかもしれません。

グループでの目標設定を試みると，「誰か」がめざしたいような目標を掲げて，結果的に「誰も」本気でめざそうとは思っていない目標になってしまうことがあります。しかし，目標は「しんどい時に自分たちを奮い立たせる」「意思決定の判断基準になる」といった重要な役割があるので，流れで決めてしまうのではなく，グループ全員が「個人的にも」達成したいと思えることが大切です。それこそが，「単なるグループが真の『チーム』になる」前提です。

TA の悩み：受講生が本当にめざしたいグループ目標にできない

「１位」を目標に設定したグループに「それでしんどい時も自分たちを奮い立たせられる？」と聞くと，「うーん」と首をかしげて「でも，これ以上によいものが思いつかなくって」と言われてしまいがちです。確かに目標設定は難しいのですが，次に述べる「具体性を高める」が役立つ方法の一つです。

⑴　よくある成果目標　「コンテストで１位になる！」

問題点　本当に優勝をめざして全身全霊で取り組みたいのは数人で，最後まで全員の本気を引き出せず，グループが途中で空中分解する恐れがある。

介入策　そこで，「○○で1位」のように具体化すると，少し変わるようです。「それならがんばれるかも」「○○にはこだわりたい！」「おもしろそう」など。特にどの部分・分野にこだわりたいかをグループで決めておくと，進むべき方向性が明確になり，最終的に最高の成果物に近づきます。

例えば，自分たちの強みを尖らせるのであれば「『クリエイティビティ』No. 1」，特定の顧客に評価されることを期待するのであれば「小学生からの人気No. 1」，コンテストの審査基準の一部を突き詰めるのであれば「『新規性』満点の提案」，提案内容に自信を持ちたければ「喉から手が出るものを提案する」。

大雑把な「コンテスト1位」よりも全員が本気で取り組みやすいでしょう。

(2)　よくある状態目標　「仲のいいグループにする！」

問題点　「仲のいいグループ」が，具体的にどんな状態をイメージしているのかわかりづらいこと，そして最終的に目標を達成できたか判断しづらいこと。

介入策　まずは，「それぞれが想像している『仲がいい』って，どんな感じ？」とグループの全員に聞きます。そうすると，「困っている人がいたら助ける」「お互いの意見を尊重する」「たくさん雑談している」など，各々が思い描く状態がたくさん挙がります。これらのなかから全員が一番納得できるものを選び，それが達成された指標まで考えたら，意識しやすいでしょう。

例えば，上記「仲のいいイメージ」であれば，「『大丈夫？　私がやるよ！』が最も発せられるグループ」「誰かの意見に全員が第一声で『いいね！』と言うグループ」「雑談時間が最も多いグループ」などの独自の表現をつくれるかもしれません。想定がまったく異なる目標にならないように，具体化して擦り合わせるきっかけをつくりましょう。

まとめ

教員 LA の具体性・独自性を問う介入で，受講生自身も気づいていない「本当にめざしたいもの」「意思決定の判断基準」「つらい時にがんばれるもの」を見つけられるかもしれません。

フィードバックが上手くできない

PBL も中盤にさしかかり，チーム内でフィードバックを伝え合うことになった。ポジティブなフィードバックはたくさん出てくるもののネガティブなフィードバックがまったく思いつかないと相談してくる人がいる……。そして，言われた方もなんだかご機嫌ナナメ……。さぁ，どうする？

成功の鍵：ネガティブフィードバックを「Better」フィードバックに

チームメンバーに対して，ネガティブフィードバックが出てこないことはよくあります。その背景として，「不満を伝えるためのもの」ととらえてしまい，「なんとなく言いづらい」「そもそもチームメンバーが完璧すぎて，言うことがない」と感じている可能性があります。そこで，相手の成長の可能性を拡げるために「よりよくなる」フィードバックという意味で，「Better」フィードバックと名称を変えるだけでも意識が変わるのではないでしょうか。

Better フィードバックの醍醐味は，フィードバックされる本人の気づいていない気づきを与えることや，個性を活かした成長のヒントをプレゼントすることだと認識を揃えるといいでしょう。

TA の悩み 1：Better フィードバックが出てこない

グループメンバーが完璧すぎて，Better フィードバックが思いつかないという受講生もいるかもしれません。この場合，受講生との対話を通じて，相手を「もっと」素敵にするためのフィードバックを模索しましょう。以下のような方法があります。①そのメンバーの素敵だと思う行動は何かを尋ねる。②その行動ができた理由を考えさせる。③さらによくするためのヒントを考えてもらう。

具体的なやりとりを見てみましょう。「この人の長所／素敵なところはなんだと思う？」「やらなきゃいけないことを割り振ってくれます」「じゃあ，なんでそのような行動ができると思う？」「みんなの強みわかっているからですかね……」「素敵だね，その長所を活かして，その人がもっとよくなるためにはどうすればいいかな？」「～が得意だよねって言葉にしてくれると言われた方は自信がつくし嬉しいかも……」。

このように，「さらによくするには」の観点で質問をすると導けるかもしれません。

TA の悩み 2：Better フィードバックを言われてご機嫌ナナメなメンバーがいる

Better フィードバックを言われると，納得できなかったり，少し嫌な気持ちになったりする受講生がいるかもしれません。確かに，よい面だけを言ってもらった方が気持ちはいいのですが，他の人からの声を聞き入れた方がさらなる高みをめざせるでしょう。また，Better フィードバックは行動に対するフィードバックであり，人格を否定するものではありません。さらに，フィードバックは絶対的なものではなく，「個人の感想」にすぎません。ですから，フィードバックを受け取ることは重要ですが，実際に自分の行動に反映させるかどうかは自分次第だということも受講生と共有しましょう。

加えて，自分の行動の意図が異なってとらえられたことに不満がある受講生もいるかもしれません。そこで，フィードバックされた側も行動の意図を伝えることで，より発展的な対応をできるかもしれません。例えば，提出物がギリギリすぎると言われた受講生は，「時間ギリギリまで質にこだわってしまう」などと伝えることで，「質にこだわるのは大事だけど，あらかじめ時間を決めたらもっと余裕が出て安心できる！」と，新たな行動案を導けるかもしれません。

まとめ

> フィードバックの目的は，相手の選択肢を増やして可能性を広げることです。フィードバックをする人も，される人も，このことを意識して取り組めるように，教員・TA がサポートできると満足度の高いフィードバックをできるかもしれません。

グループ活動がうまくいっていない

最初は楽しげかつやる気満々でスタートした各チーム。しかし，時間が経つにつれ，かなり差が出てきた！　1班と2班はみんなで頑張っている様子だけど，3班は脱落しかけているメンバーがいるみたい。4班は全体的にモチベーションが下がっているように感じるし……。このままで大丈夫かな？

成功の鍵：グループ活動がうまくいかないチームこそ，学びが多いかも！

チーム編成をどれだけ工夫していても，どこかのグループがうまくいっていないという事態はよく起きます。TA としては「組み合わせを読み間違えたかな」と自分を責めたり，「うちのクラス，やる気のないメンバーが集まっていた？」と嘆いたりしてしまうことも……。でも，そんなことはありません！

ここからどうするのかを考えることが，リーダーシップ科目の醍醐味です。ずっとうまくいっていたら気持ちはいいけど，リーダーシップの学びはむしろうまくいっていないチームの方が大きくできるのかもしれません。そういう考え方を TA 自身が持つとともに，受講生にも伝えて勇気づけることが大事だと思います。

TA の悩み1：いつ介入すればいいの？

PBL とは経験を通じて学ぶことなので，「自分が介入しすぎたら，受講生の学びが小さくなってしまうのでは？　でも，このままでは学ぶ意欲が下がってしまう。いつ介入すべきだろうか？」という悩みがよく出てきます。

介入するタイミングは，「失敗から学ぶ機会を奪わないように，でも手遅れになる前」です。具体的には以下2点を通じて，問題が明らかになった時です。

①受講生の発言・行動から違和感を感じる。

②該当チームのメンバーからグループワークが順調ではない旨を聞く。

課題が未提出になっていたり，遅刻したりしている受講生はいませんか？

受講生が発している些細なヒントを見逃さないようにしましょう。

TA の悩み 2：具体的な介入の方法

重要なのは，解決そのものはなるべく受講生に任せ，教員・TA はそれをサポートする立場でいることです。受講生が主体となるように，教員・TA が受講生に質問などを通じ，グループ活動がうまくいっていない原因を追究しましょう。そのうえで，どのように解決を促せばいいかを考えましょう。具体例を以下に紹介します。

原因①　グループ活動の量が多いことをしんどいと感じている

介入策　事前にアジェンダを作成したり，グループ活動終了時刻を設定したりすることで，グループ活動の密度を濃くすることを提案してはどうでしょうか。1回ごとの密度を高めて，生産性を上げる工夫を学んでもらいましょう。

原因②　気が合わない人がいて，一緒に活動したくないと感じている

介入策　まず，仲よくなること自体は目的ではないため，グループ活動を行ううえでお互いの妥協点を探しながら，歩み寄ることが重要であることを伝えましょう。また，価値観の異なるメンバーが多い方が，様々な視点から成果物を磨くことができ，多様性の尊さを学ばせられるでしょう。

原因③　提案の見通しが見えず，全員のモチベーションが下がっている

介入策　授業の全体構成と取り組むワークの意図を明確に伝えることで，受講生が計画を立てやすくなるでしょう。ヒントの与えすぎは受講生の成長を阻害する恐れもありますが，道標は必要です。また，フィードバックで改善点よりもよい点を多めに伝えて，やる気を高めることが必要な場合もあります。

まとめ

> 受講生の行動における些細な異変に対してアンテナを張る。
> 原因と受講生の状況に合わせて，受講生が自分で解決できる支援をする。

索　引　＊は人名

ま・や・ら行

欧　文

《執筆者紹介》（＊は編者）執筆順

＊日向野幹也（ひがの　みきなり）はじめに，第1章～第3章，第5章1節～3節，第8章1節，おわりに，付録

早稲田大学グローバルエデュケーションセンター教授

杉森公一（すぎもり　きみかず）第4章

2007年　金沢大学大学院自然科学研究科数物科学専攻博士後期課程修了博士（理学）
現　在　北陸大学高等教育推進センター教授
主　著　『基礎から学ぶ統計解析――Excel 2010 対応』（共著）共立出版，2011年
『ROBOT-PROOF：AI 時代の大学教育』ジョセフ・E・アウン（共訳）森北出版，2020年
「大学教師と学生を繋ぎ，結ぶアクティブ・ラーニング――大学での実践事例から」『化学と教育』64巻7号，日本化学会，2016年

高橋俊之（たかはし　としゆき）第5章4節～5節，付録

1992年　ミシガン大学ビジネススクール　経営学修士（MBA）
現　在　早稲田大学グローバルエデュケーションセンター　リーダーシップ開発プログラム副統括責任者。
主　著　『リーダーシップ教育のフロンティア［実践編］［研究編］』（共編著）北大路書房，2018年
『やりたいことを実現する実践論理思考』東洋経済新報社，2007年
『ビジネスリーダーへのキャリアを考える技術・つくる技術』（編著）東洋経済新報社，2001年

岩城奈津（いわき　なつ）第6章

1998年　英国国立ウェールズ大学カーディフ校　経営学修士課程修了
2004年　同大学　博士課程単位取得後退学
現　在　共立女子大学ビジネス学部専任講師
主　著　「2. 女子大におけるリーダーシップ開発」『ビジネス学研究叢書』（共著）ウィズ・ケイ，2019年

藤田勝利（ふじた　かつとし）第7章

2004年　クレアモント大学院大学 P・F・ドラッカー経営大学院　修士課程修了（MBA）
現　在　桃山学院大学ビジネスデザイン学部特任教授
主　著　『新版　ドラッカー・スクールで学んだ本当のマネジメント』日経 BP，2021年
『ノルマは逆効果――なぜ，あの組織のメンバーは自ら動けるのか』太田出版，2019年
「英語で読み解く　ドラッカー『イノベーションと起業家精神』」The Japan Times, 2016年

稲垣憲治（いながき　けんじ）**第8章2節～6節**

1988年　広島大学文学部哲学科中国哲学専攻修士課程修了
現　在　共立女子大学非常勤講師

松岡洋佑（まつおか　ようすけ）**第9章淑徳大学，名古屋大学，名古屋工業大学，名城大学**

2011年　立教大学経営学部卒業
現　在　株式会社イノベスト代表取締役。名古屋大学経済学部招聘教員
主　著　『大学教育アントレプレナーシップ――いかにリーダーシップ教育を導入したか』（共著）ブックウェイ，2018年

江夏幾多郎（えなつ　いくたろう）**第9章名古屋大学**

2008年　一橋大学大学院商学研究科博士後期課程単位取得満期退学
2009年　博士（商学，一橋大学）
主　著　『コロナショックと就労――流行初期の心理と行動についての実証分析』（共著）ミネルヴァ書房，2021年
『感染症時代の採用と就職活動――コロナ禍に企業と就活生はどう適応したのか』（編著）千倉書房，2021年
『人事評価における「曖昧」と「納得」』NHK 出版，2021年

佐伯　勇（さえき　いさむ）**第9章甲南女子大学**

1999年　大阪大学大学院工学研究科通信工学専攻博士後期課程修了。博士（工学，大阪大学）
現　在　甲南女子大学人間科学部文化社会学科教授
主　著　『本気で女性を応援する女子大学の探求――甲南女子大学における女性教育』（共著）明石書店，2021年
『大学生のためのキャリアデザイン　はじめての課題解決型プロジェクト』（編著）ミネルヴァ書房，2019年

《編著者紹介》

日向野幹也（ひがの　みきなり）

1983年　東京大学大学院社会科学研究科経済政策専攻 博士課程単位取得退学，翌年
　　　　経済学博士（東京大学）
　　　　東京都立大学経済学部講師（のち助教授，教授）
2005年　立教大学社会学部教授
2006年　立教大学経営学部教授
2016年　早稲田大学大学総合研究センター教授
現　在　早稲田大学グローバルエデュケーションセンター教授
主　著　『高校生からのリーダーシップ入門』ちくま書房，2018年
　　　　Deep Active Learning,（分担執筆，第11章），Springer, 2018
　　　　『リーダーシップ教育のフロンティア』理論編・実践編（分担執筆），北大路書房，2017年

大学発のリーダーシップ開発

2022年４月20日　初版第１刷発行　　〈検印省略〉

定価はカバーに
表示しています

編著者　日向野　幹　也
発行者　杉　田　啓　三
印刷者　坂　本　喜　杏

発行所　株式会社　ミネルヴァ書房
607-8494　京都市山科区日ノ岡堤谷町１
電話代表　075-581-5191
振替口座　01020-0-8076

冨山房インターナショナル・藤沢製本

ISBN 978-4-623-09335-9
Printed in Japan